"十二五"国家重点出版规划项目
装备综合保障工程理论与技术丛书

装备作战单元维修
保障能力评估方法

于永利　聂成龙　张　柳　著

国防工业出版社

·北京·

图书在版编目(CIP)数据

装备作战单元维修保障能力评估方法/于永利,聂成龙,
张柳著. —北京:国防工业出版社,2015.11
(装备综合保障工程理论与技术丛书/于永利主编)
ISBN 978-7-118-10652-7

Ⅰ.①装…　Ⅱ.①于…②聂…③张…　Ⅲ.①武
器装备—维修—军需保障—评估方法　Ⅳ.①E237

中国版本图书馆 CIP 数据核字(2015)第 288485 号

※

*国防工业出版社*出版发行
(北京市海淀区紫竹院南路 23 号　邮政编码 100048)
三河市众誉天成印务有限公司印刷
新华书店经售

*

开本 710×1000　1/16　印张 13½　字数 204 千字
2015 年 11 月第 1 版第 1 次印刷　印数 1—2000 册　定价 50.00 元

(本书如有印装错误,我社负责调换)

国防书店:(010)88540777　　　发行邮购:(010)88540776
发行传真:(010)88540755　　　发行业务:(010)88540717

序

　　21世纪以来,世界范围内科学技术革命的崛起,信息技术飞速发展并在军事领域广泛应用,有力地冲击着军事领域变革,战争形态逐渐由机械化战争向信息化战争演变,同时对装备保障能力产生的基本形态产生了深刻影响。认真落实习主席"能打仗、打胜仗"指示要求,着眼打赢未来基于信息系统体系作战,我军装备将逐渐形成以军事信息系统为支撑、以四代装备为骨干、以三代装备为主体的装备体系格局。信息化作战需要信息化保障,体系化对抗需要体系化保障。我军装备保障面临着从机械化保障向信息化保障、从单一装备保障向装备体系保障、从线性逐级保障向立体精确保障、从符合性考核向贴近实战考核转变等严峻挑战,未来信息化作战进程中的装备保障实践,对系统科学的装备保障基础理论与方法,提出了时不我待的紧迫要求。

　　伴随着军事技术和作战形态的发展要求,装备保障理论与技术不断创新发展。针对装备保障的系统研究,在国外始于20世纪40年代中后期,特别是20世纪90年代以来,随着"聚焦保障""基于性能的保障"等新的理念提出,以及相关工程实践的不断深化,装备保障工程在装备全寿命过程中的基础性、全局性的战略地位和作用得到了进一步强化。我国从20世纪70年代末开始引进、消化、吸收外军装备保障先进理念,运用系统科学思想研究装备保障问题,并在装备型号论证研制以及装备保障能力建设工作中不断应用,取得了大量的理论与实践研究成果,极大地推动了装备保障工程发展。经过40多年的研究与实践,装备保障工程在我军装备建设和军事斗争准备中的地位和作用不断升华,已经成为装备保障能力建设的基石,正在深刻地影响着装备保障能力和作战能力的形成与发展。装备保障工程既是型号装备建设的基础性工程,也是装备成系统成建制形成作战保障能力建设的通用性工程,还是作战进程中装备保障实施的重要技术支撑。

装备保障工程是应用系统科学研究解决装备保障问题的学科和技术,是研究装备全寿命过程中战备完好与任务持续能力形成与不断提高的工程技术。它运用系统科学与系统工程的理论和方法,从系统的整体性及其同外界环境的辩证关系出发,分析研究装备使用、装备保障特性与装备保障系统之间的相互作用机理,装备保障特性、保障系统的形成与演化规律,以及相关的理论与方法,并运用这些机理与规律、理论与方法,通过一系列相关的工程技术与指挥管理活动,实现装备的战备完好性与任务持续性以及保障费用与保障规模要求。装备保障工程技术包括装备保障特性工程、装备保障系统和装备保障特性与保障系统综合等技术。

为了积极适应未来信息化作战对装备保障提出的要求,我们组织人员对军械工程学院维修工程研究所十余年来在装备保障工程领域的科研成果进行了系统的总结,形成了装备保障工程系列丛书(共 22 本,其中有 16 本列入"十二五"国家重点出版规划项目),旨在为装备型号论证研制以及部队面向实战装备保障与运用提供理论和技术支撑。

整套丛书分为基础部分、面向型号论证研制关键技术部分和面向部队作战训练关键技术部分。

基础部分,主要从装备保障的哲学指导、装备保障作用机理以及装备保障模型体系等方面,构建完善的装备保障工程基础理论,打牢装备保障工程技术持续发展的基础,包括《装备保障论》《装备保障工程基础理论与方法》《装备保障工程技术型谱》《装备综合保障工程综合数据环境建模与控制》《装备保障系统基础理论与方法》《装备使用任务模型与建模方法》和《装备作战单元维修保障任务模型与建模方法》。

面向型号论证研制关键技术部分,主要从装备保障的视角出发,解决装备论证、研制过程中保障特性与保障系统规划、权衡和试验验证等问题,包括《装备保障体系论证技术》《型号装备保障系统规划技术》《型号装备保障特性与保障系统权衡技术》《型号装备保障特性试验验证技术》和《现役装备保障特性评估技术》。

面向部队作战训练关键技术部分,主要面向部队作战训练从维修保障需求确定、维修保障方案制定、维修保障方案评价和维修保障力量动态运用等方面构建完善的技术方法体系,为面向实战的装备保障提供方法手段,包括《装备作

战单元维修保障要求确定技术》《装备作战单元维修保障力量编配技术》《装
备作战单元维修保障资源预测技术》《装备作战单元维修保障建模与仿真》
《装备作战单元维修保障能力评估方法》《装备作战单元维修保障力量运用》
《装备作战单元保障方案综合评估方法》《基于保障特性的装备需求量预测方
法》《多品种维修器材库存决策优化技术》和《面向任务的维修单元专业设置优
化技术》。

　　着眼装备建设和军事斗争准备迫切需求，同时考虑到相关研究工作的成熟
性，本丛书率先推出基础部分和面向部队作战训练关键技术部分的主要书目，
今后随着研究工作和工程实践的不断深入，将陆续推出面向型号论证研制关键
技术部分。

　　装备保障工程是一门刚刚兴起的新兴学科，其基础理论、技术方法以及工
程实践的开展远没有达到十分成熟的阶段，这也给丛书的编著带来了很大的困
难。由于编著人员水平有限，这套丛书不可避免会有很多不妥之处，还望读者
不吝赐教。

丛书编委会

2015 年 11 月

前　　言

装备维修保障是装备战斗力的重要组成部分,装备维修保障能力是确保装备作战使用的重要支撑。装备维修保障能力评估是准确把握现有装备维修保障能力水平,明确维修保障能力短板,找准改进方向的重要手段,对新时期军事斗争准备和装备全寿命过程维修保障建设具有十分重要的现实意义。

本书是在认真总结国内外关于装备维修保障能力评估研究的成果,以及军械工程学院维修工程研究所近十年来研究与实践的基础上编写完成的。面向装备作战单元的维修保障能力评估是持续改进与提高装备保障能力的重要抓手。以评促建、以评促改是装备保障工作关键换环节,也是推动装备成系统成建制形成保障能力的重要手段。

全书共分7章。第1章分析了装备作战单元维修保障能力能力评估的作用与意义,明确了国内外研究现状与存在的主要问题;第2章主要明确了装备作战单元的基本概念、内涵与外延,分析了装备作战单元维修保障能力评估领域,建立了该领域三维框架模型,给出了装备作战单元维修能力评估模型与建模方法体系,形成了较为完善的维修保障能力评估框架;第3章依据形成的模型框架,明确了装备作战单元的使用任务、维修任务、功能组成、任务可靠性、维修保障运行以及战备完好性和任务持续性等模型的概念内涵和建模方法,给出了部分模型的解析表达和仿真概念表达;第4章给出了基于基本可靠性的维修任务仿真模型、基于任务可靠性的维修任务仿真模型和预防性维修任务仿真模型;第5章建立了装备作战单元战备完好与任务持续性模型,明确了模型的输入和输出,结合实际训练数据进行了仿真实例研究,验证了模型的可信性;第6章明确了仿真评估系统的总体设计方案,给出了基于 PDA 的装备维修保障数据收集子系统和仿真评估子系统的具体实现策略;第7章详细分析了某型火箭炮营使用任务、武器系统功能组成以及维修保障运作,建立了相关模型,结合部队演习训练收集了大量的现场数据,并做了归纳分析,利用开发的评估系统进行了仿真分析,收到了很好的效果。

本书由军械工程学院维修工程研究所于永利、张柳、聂成龙共同编著,于永利负责全书的统稿和修改。军械工程学院维修工程研究所封会娟博士,姜朝毅和李国库硕士的学位论文对本书的编写起到了十分重要的作用,在此深表感谢。

在本书的编写过程中先后得到了谷宏强主任、李三群主任、郝建平主任和朱小冬教授的大力支持,提出的许多宝贵意见,为编写好本书提供了十分有益的帮助,对此深表感谢。

由于编者水平有限,书中缺点和错误在所难免,恳请读者批评指正。

作者

2015 年 10 月

目　录

第1章 绪 论

1.1 目的与意义

立足现有装备打仗是新时期军事斗争准备的重要指导原则。现有装备形成作战能力和保障能力,是军事斗争准备的重要内容。现有装备形成作战能力和保障能力,也必然要求装备体系成系统、成建制地形成作战能力和保障能力。只有成系统、成建制地形成体系保障能力,才能发挥先进装备体系的最佳效应,进而使得装备体系形成战斗力。因此,如何成系统、成建制地摸清装备保障底数,科学评估装备保障能力,是当前装备保障工作面临的重大现实问题,对于持续改进装备保障系统,提高装备战时保障能力具有十分重要的作用。

纵观近年来发生的几场高技术局部战争,最突出的特点是作战双方的对抗已表现为装备体系与体系的对抗。在作战双方的对抗中,不仅要重视装备体系的作战运用,还要重视装备体系的作战保障;不仅要重视单一装备的保障,更要重视装备体系的保障。无论是单一装备、装备作战单元,还是装备体系,衡量其保障能力的重要特性大多使用战备完好性和任务持续性这两个装备综合保障研究领域的顶层综合属性。装备战备完好性是表征装备在平时和战时使用条件下能随时开始执行预定任务的能力,反映的是任一随机时刻可用的能力。任务持续性则是表征装备在规定的任务时间内,能够连续执行作战任务的能力,它反映的是一种持续可用的能力。影响战备完好性和任务持续性的因素很多,包括来自装备使用和保障的各种因素,如装备的可靠性、维修性、保障性等各种保障特性,以及装备的使用与维修过程等。因此,为了能够深入透彻地研究装备战备完好性和任务持续性问题,首先通过深入研究装备综合保障领域相关问题,建立一组能够反映装备各层次相关保障特性与战备完好性及任务持续性之间关系的综合保障模型,分析装备综合保障领域的各种因素对战备完好性和任务持续性的

1

影响,探究影响因素之间以及它们与战备完好性和任务持续性的关系,从而完成在现有或给定的使用与保障条件下预计、分析、评价装备战备完好性与任务持续性的问题,为结合作战任务需求回答装备体系是否能够成系统、成建制地形成体系保障能力,提供决策依据。

同时,运用建立的综合保障模型,还能够根据给定任务需求(如给定相应的战备完好性、任务持续性目标要求等),通过理论计算或仿真分析,生成包括各种备件、保障设备的需求量在内的保障资源配备方案,为战备和平时准备提供辅助决策的手段。

1.2 国内外研究现状和研究热点

1.2.1 研究现状

从定量评估角度来看,装备作战单元维修保障能力评估主要涉及维修保障能力运用的效果、维修保障系统运行评价以及维修任务量变化分析三个方面。维修保障能力运用效果常用装备战备完好性和任务持续性参数以及相关模型来分析。维修保障系统运行评价常用维修保障延迟时间、维修保障等待率和维修保障资源有关参数(如器材满足率、人员满足率、保障设备利用率等)以及相关模型来分析。维修任务量变化分析经常从修复性维修、预防性维修和战场损伤等方面建立相应的维修任务模型来研究。考虑到维修保障系统的研究在丛书中专门进行了详细的探讨,这里着重从维修保障能力运用效果和维修任务量变化分析两方面分析研究国内外相关研究现状。

1. 战备完好性与任务持续性相关参数及其模型研究

1) 战备完好性相关参数及其模型研究

各种武器装备结构特点和使用状态不同,以及陆、海、空各军种在装备使用中进行维修和保障的方法不同,采用的维修数据收集系统也不同,因此不同类型的装备采用的战备完好性参数不同。

目前,国内外武器装备广泛采用的战备完好性参数(或完好性参数)包括使用可用度 A、能执行任务率(MCR)、出动架次率(SGR)、装备完好率和能工作率(UTR)等。例如:美国空军飞机(如 F-22)平时完好性参数一般选用 MCR,而海军飞机(如 F/A - 18)平时完好性参数一般选用 A_o,战时完好性参数选用 SGR;直升机(如 RAH - 66)、舰船(如 DDG - 52)、坦克(如 M1)等装备的平时和战时完好性参数均选用 A_o。我军飞机平时战备完好性参数选择 A_o,战时完好性参数选择 SGR,我军陆军当前实际工作中使用较多的有 A_o、装备完好率等。

　　与使用可用度相关的较典型的模型有 ACIM 分析模型和 TIGER 仿真模型等。其中,ACIM 分析模型是建立在马尔可夫过程和排队论基础上的多级别模型,它能够在一定的预算和目标的前提下,使 A_o 最大而使费用最小。ACIM 分析模型存在一些缺陷:①ACIM 分析模型认为所有系统组件都是串联工作的。尽管计算简单,这个假设和实际情况有所出入。②ACIM 分析模型使用可用度最大的同时并没有考虑系统的工作任务,而任务的不同对备件的储存数量和保持高的 A_o 影响较大。TIGER 仿真模型则使用蒙特卡罗仿真技术,由任务开始、任务中设备结构变化需求、设备故障、设备修复、任务结束五个事件驱动。它以设备的 MTBF、MTTR、任务周期等参数为输入,运用系统结构、维修策略、各种保障模型等运行规则,能够通过仿真给出系统的可靠性、可用度、关键设备等输出结果。对于系统的可用度,它能给出部分优化值。

　　美军方面,为了贯彻采办后勤政策、以较低的寿命周期费用实现较高的战备完好性目标并更快地部署系统,美国陆军提出了采办、要求和训练仿真与建模(SMART)的方案,该方案有助于以较低的寿命周期费用(LCC)实现更高的战备完好性和更快地部署系统。为实施 SMART 方案、实现战备完好性和总拥有费用目标,美国陆军开发了五个支撑模型,即 ASOAR 模型、SESAME 模型、COMPASS 模型、ACEIT 模型和 LCET 模型。

　　ASOAR 模型是对可靠性、可用性、维修性(RAM)和保障性进行早期分析的工具。ASOAR 模型可以对系统的战备完好性要求进行优化分配,以确定每个单独采办的最终产品的使用可用度。如果能得到最终产品的组成部分的数据,则 ASOAR 模型输出的最终产品的 A_o 可以用作保障性优化模型的 A_o 目标输入。ASOAR 模型使用一种自上而下的分析方法,仅要求系统和最终产品级的输入。使用 ASOAR 模型能辅助导出和生成综合的系统 RAM 要求,这些要求在采办周期的早期支持用户的战备完好性目标。ASOAR 模型也可对系统的系统进行早期的 RAM 和保障性的权衡分析。在考虑设备的可用性时,ASOAR 模型的结果可以与性能仿真一起用来确定系统的效能。

SESAME 模型是美国陆军标准的初始供应模型,该模型可优化备件的配置以实现最终产品的 A_o 要求或者在给定的费用约束下实现最大的 A_o 目标。也就是,以最少的费用实现战备完好性目标或者在初始供应预算限制内获取最大的战备完好性。为了使用 SESAME 模型,必须了解或者已经规划了每一基本产品的维修方案。在已知计划的产品备件供应规划以及与其保障方案有关的需求率和后勤响应时间的基础上,SESAME 模型也可以用于评价,来估计预期的或者实际使用中的 A_o。

COMPASS 模型是美国陆军标准的修理级别分析(LORA)模型,该模型可以优化维修方案,以最少的总费用实现最终产品的 A_o 要求。在 COMPASS 模型中嵌入了 SESAME 模型的算法,可以同时优化维修和供应保障,因此,利用 COMPASS 模型可以在部署以前进行保障性优化。COMPASS 模型也可以用作修理源分析(SORA)模型,SORA 模型确定产品怎样修理最经济有效,通过 COMPASS 模型可以对实现相同 A_o 目标的官方基地修理与承包商基地修理的总费用进行比较,从而选择经济有效的修理源。

ACEIT 模型、LCET 模型分别用于估算美国陆军寿命周期费用和与装备战备完好性、使用保障有关的所有按时间分段的后勤费用。

ASOAR 模型可以在采办周期的早期使用以评价 RAM 和保障性要求。ASOAR 模型用于分析 RAM 的任务可靠性方面,而 COMPASS 模型和 SWSAME 模型用于分析产品要求设备保障的需求率的后勤可靠性方面。如果提出了 LRU 和 SRU 的维修策略,则 COMPASS 模型可以用于保障源选择评价,并确定与 RAM 有关的保障费用。此外,如果提出了 LRU 的备件供应计划,则 SESAME 模型可以用于评价在保障源选择评价中所提出的 A_o。美国陆军极力推荐使用 COMPASS 模型和 SESAME 模型,以便在装备投入使用以前确定最佳的维修和供应方案。如果将 SESAME 模型用于 LRU 的初始供应,则后期在根据装备的试验或者经验数据确定的可靠性的基础上,该模型可以用来快速评价最终产品的 A_o。

武器装备的完好数,是指在接到作战命令后,规定的战斗准备时间内能投入作战使用,并具有规定功能的武器装备数。各种不同类型的武器装备,在评价时应对武器装备是否完好做出明确界定,各类武器装备的装备完好率要求按《武器装备管理工作条例》规定执行。一般来讲,在修武器装备、待修武器装备、失效武器装备、丧失规定功能不能投入使用的武器装备,以及在规定战斗准备时间内不能按时投入作战使用和不具备规定功能的武器装备,均不能纳入完好装备数。

我军的装备完好率一般分为日完好率和年度平均完好率。其计算公式如下:

$$某类装备日完好率 = \frac{某类装备当日完好数}{某类装备当日实有数} \times 100\%$$

$$某类装备年度平均完好率 = \frac{某类装备当年每日完好率之和}{某类装备当年总日数}$$

周雷在"关于现有(通用)装备整体作战能力评估模型的探讨"一文中提出:部队现有装备,即使是同时配备的同型同批装备,一般也都有不同的既往使用史。因而应当逐个计算完好率,再用加权平均法求得该种装备的平均完好率。

通过上述分析可以看出,国内外对战备完好性(或完好性)参数及模型的研究大都是以简单任务为背景建立的,缺少对实际工作中常见的复杂任务条件下相关的战备完好性参数(或完好性参数)的分析与建模。

2)任务持续性相关参数及其模型研究

目前,在实际工作中应用较多的反映任务持续性的参数主要有任务可靠度 R_M、可信度 D 和任务效能 M_E 等。

可信度表示装备完成规定任务的良好程度,它是一种在可用性给定的情况下,规定的任务剖面中完成规定功能的能力,该能力取决于任务可靠度和任务维修度 M:

$$D = R_M + (1 - R_M)M$$

从上式不难看出,当任务期间不允许维修时 $D = R_M$。

国内外一些文献从任务效能的角度研究了任务持续性的问题。任务效能是指给定任务目标达到程度的概率度量,用于描述系统完成给定任务的能力,是任务开始时的可用性和任务持续期间的可靠性的综合度量。文献[1]建立了一个任务效能模型,认为任务效能是在任务开始时刻 t 的可用度和在固定长度的任务持续时间内的可靠度的乘积,仅考虑了整个任务持续期间只有一个任务阶段的情况。文献[2]提供了更加通用的适应整个任务持续期间有几个随机任务阶段的情形的任务效能模型,Kang 认为对于任务成功来说,在每个任务阶段开始时刻系统应该是可用(可用度)的,并且如果任务阶段完成时间是已知的,那么最少在每个任务阶段开始后的一段时间内系统应该是有效运行的(任务可靠度)。针对任务阶段开始时间服从非齐次泊松分布,表征系统状态的随机变量服从齐次时间马尔可夫过程,每个状态逗留时间服从负指数分布的情况,Kang分析给出了任务效能的计算方法。

美国空军对于空间系统、导弹预警系统等,也采用了任务效能作为其任务持续性的综合评价参数,认为它是 A_o 和使用可信度 D_o 的综合反映,即

$$M_E = A_o \cdot D_o$$

其中

$$A_o = \frac{平均不能工作事件间隔时间}{平均不能工作事件间隔时间 + 平均系统恢复时间}$$

$$D_o = \frac{平均致命故障间隔时间}{平均致命故障间隔时间 + 平均恢复功能时间}$$

对于不维修系统,一般可用任务可靠度来反映其任务持续性。对于简单任务,其任务可靠性模型较为简单,一般用任务可靠性框图或数学模型表示。通过串联、并联、混联、旁联、$k/n(G)$ 等形式及它们的组合能够解决大多数简单系统在简单任务条件下的任务可靠性模型研究问题。

在实际应用中,大多数是复杂任务,对其可以用多阶段任务系统(PMS)的概念来描述。PMS 是这样一种系统:在整个任务执行过程中包含一系列时间连续且不相互重叠的基本任务,每个任务阶段有不同任务可靠性要求。它对任务之间的层次性和任务相关的装备配置都有明确的分析。复杂任务系统在不同任务阶段系统的配置、部件特性、任务是否可靠的标准等方面都会发生变化。对复杂任务系统的任务可靠性建模分析的重点和主要的难点在于不同任务阶段之间的相关性问题。

20 世纪 80 年代,开始对复杂任务系统的任务可靠性的研究,目前主要分析方法有马尔可夫模型法(齐次马尔可夫模型和非奇次马尔可夫模型)、半马尔可夫模型法、蒙特卡罗仿真法、贝叶斯分析法、故障树法及它们的组合方法等,其中仿真方法的应用范围最为广泛。

文献[3]在总结前人对马尔可夫模型研究的基础上,提出了两种针对 PMS 任务可靠度研究的马尔可夫模型:①具有确定的任务阶段持续时间的 PMS 任务可靠度计算的马尔可夫方法。适用于系统有动态行为的情况,如瞬时故障恢复

或复杂的相互依赖关系(如维修人员有限等)。②具有随机任务阶段持续时间的 PMS 任务可靠度计算的马尔可夫方法。适用于任务阶段持续时间及装备故障率、修复率不为常数时的情况,解决此类问题需要采用非齐次马尔可夫模型。对于第一种马尔可夫模型,当各任务阶段系统配置不完全一致时,对应上一阶段模型的状态,本阶段模型的状态很难给出。而且当系统某一组件在一个任务阶段故障而在另一任务阶段不受影响,或在一个阶段不能够探测到其是否故障,直到其他阶段才能探测时,情况就更为复杂。虽然第二种马尔可夫模型能够解决这个问题,但其准确模型的建立非常困难。而且无论哪一类方法,要么需要建立所有任务阶段的单个马尔可夫模型并通过状态转移向量链接起来,解决任务阶段间的状态相关性的问题;要么就要组合所有阶段为一个非常大的马尔可夫模型,其状态空间数不小于所有单个任务阶段马尔可大模型状态数之和。当任务阶段数或系统的部件数很多时,都会遇到状态数急剧增加的问题。

最小部件集合法是通过建立统计不相关的最小部件集合替代 PMS 可靠性分析中每一任务阶段的部件,来解决任务阶段间的状态相关性的问题[19]。即对于阶段 i 的可靠性框图,将其中每个组件 C 分解为部件 $C_1,C_2,C_3,\cdots,C_i$,它们在不同任务阶段之间状态不相关,这样就可以用传统的可靠性计算方法。这种方法存在规模过大的问题,其复杂程度随着组件数量的增加呈指数上升。虽然通过割集删减方法可以减少部分复杂性,但仍将非常复杂。

PMS – BDD(Binary Decision Diagram)算法给出了一个较好的静态 PMS 不可靠度评估算法。它利用状态代数方法将每一阶段的 BDD 组合为最终的 BDD,在算法的最后,从最终的 BDD 中递归算出不可靠度,并且能够给出 BDD 中每一节点的评估方程式算法及程序。BDD 的自身特性能够确保不需要过多的操作就能够实现早期阶段部件的自动删减。因此,相比以前的方法,其在计算能力和存储空间的要求上有相当程度的减少,但是它没有考虑 IPCM(Imperfect Coverage Model)。

SEA(Simple and Efficient Algorithm)是针对单阶段任务系统将不完全覆盖的情况考虑到一个组合模型中的分离方法。它将不完全覆盖的情况从组合解决方案中分离出来,减少了其复杂性。主要优势在于:可靠性工程师可以使用自己喜欢的软件包,不用考虑计算可靠度时覆盖的概念,还易于调整输入与输出以产生包括考虑覆盖的结果。SEA 方法只适用于单阶段任务系统,而且首先要假设部件故障时状态是独立的。

故障树模型是采用增加虚拟组件的方法来解决,随着系统组件数量的增加,故障树遍历需要的时间急剧增加。

谢红卫通过对典型时变可靠性逻辑结构的分析,推导了包括串联模型、时段串并联模型(单元增添)、时段并串联模型(单元删减)和并连接力模型的等效简化规则和可靠度综合的计算模型。在此基础上提出了一种多阶段任务系统可靠性框图等效化简的方法和数学建模方法,所建模型能够反映多阶段任务系统的时段间相关关系。它的应用范围有限,只适合于简单系统,复杂系统或系统可靠性框图比较复杂或者很难建立,不能应用该方法。

通过上述对装备的战备完好与任务持续性相关参数及其模型的分析中可以看出,这些工作涉及装备全寿命周期的很多方面工作,范围非常广。不仅需要明确装备的各种使用任务与保障任务要求、了解装备的故障与维修(包括预防性维修、修复性维修和战场抢修等)的情况、分析装备的功能与组成结构并建立相应的对应关系,还需要分析装备在各种任务条件下的任务可靠性、了解其保障系统的保障能力等。

对这些相关工作做进一步的分析,应该有相应统一的形式化、模型化的表达,这样有利于对这些问题的分析建模,有利于将它们统一到一个集成的框架内,进而建立综合化、集成化、模块化的装备综合保障模型框架,以达到研究装备体系的战备完好与任务持续性目标,分析解决体系保障的相关问题的目的。

3)典型应用系统

目前,国内外已经开发了一些与战备完好性和任务持续性相关的模型,比较典型的有 LCOM 模型、OPUS10 模型、SALOMO 模型、SCOPE 模型、LOGAM 模型、LOGSIM 模型等。

(1)LCOM 是美国兰德公司和空军后勤司令部共同合作开发的装备评估与分析仿真系统,作为策略分析工具使用。它能够将基地级的维修保障资源相互联系起来,并分析它们对飞机出勤率等与装备的可靠性、维修性、保障性关系很密切的性能参数的影响。其用途主要包括:①确定最优的包括人力、备件、保障设备和保障设施在内的后勤资源组合;②评估维修需求、工作负荷、维修策略、保障方案等因素的变化对装备使用效能带来的影响;③评估备选设计方案的保障性;④实施灵敏度分析;⑤其输出可以作为费用模型的输入来进行寿命周期费用分析。

　　LCOM 模型目前应用于后勤、可靠性、维修性、保障性的权衡、分析等领域,主要用于飞机,也适用于各种武器系统。目前,美国国防部采办部门将其广泛地用于各项武器系统的采办,如 F - 16、F - 22、C - 17、CV - 22、JSF 等项目。

　　(2) OPUS10 模型是瑞典 SYSTECON 公司开发的一个综合保障领域的后勤保障和备件优化工具,用来解决与后勤相关的如后勤方案、后勤费用、系统可用度等问题。它能够进行保障性分析,使得在一定的费用约束下的系统可用度最大,可以描述包含多级维修的保障组织和多个功能层次划分的被保障装备的保障系统,是优化备件分配、维修资源和保障组织的有效工具。它在提高可用度的同时,能够解决 20% ~40% 的备件投资。

　　OPUS10 模型可用于产品寿命周期的所有阶段,特别是在产品的早期设计阶段使用时效益更好。它已经成功地应用在许多不同的、积极寻求降低保障费用(备件、维修等)同时保持或提高产品的可用度的领域,如飞机、铁路、雷达、电信、国防和钻井平台等。目前在全球有 500 多个用户,其中,多个国家的陆、海、空军,以及大量的大型公司和机构,如 BAE 系统、波音、洛克希德·马丁、SAAB 等公司。

　　(3) SALOMO 模型是荷兰皇家空军与 TNO - FEL 公司合作开发的后勤仿真模型。该模型主要用于飞机在和平时期的使用与维修分析。它能够预计空军基地的多个重要的性能,如每个飞行员的飞行小时和 F - 16 战斗机的能执行任务率等。为了研究使用过程与后勤过程之间的关系,或者对比一些可能的维修与使用策略,用户可以通过改变其输入参数来仿真不同的备选方案。SALOMO 模型还可用于预计多种因素对空军基地性能的影响程度,如人员、额外维修站点、防区外行动或飞行计划的变更等。SALOMO 模型目前主要被荷兰皇家空军司令部和空军基地使用,作为 F - 16 战斗机维修与使用策略的决策支持系统。

　　(4) SCOPE 模型是美国空军建模中心开发的后勤仿真工具,是随机事件仿真模型,它提供了对后勤策略和规程变更对武器系统可用度影响进行量化分析的功能。它模拟从基层级到基地级的整个后勤保障机构。该模型可用于处理 LRU 和 SRU 两个装备结构层次,基层级、中继级及基地级三个修理级别的备件数据。SCOPE 模型可以监视多达 20 种不同武器系统,在有限数量的基层级站点具有多种零散供应和批量供应策略时的装备可用度。

（5）LOGAM 模型是美国国防部开发的符合 HLA 规范的后勤仿真模型。它使用确定性和随机性过程来辅助后勤工程人员在装备系统的全寿命周期中对系统的设计或使用、系统效能以及寿命周期费用进行分析和权衡。LOGAM 模型能够计算效能和后勤保障需求以及费用，包括系统的固有和使用可用度、初始保障需求、供应件与修理件需求、测试设备需求、测试与修理人员需求、系统后勤保障费用等。

（6）LOGSIM 模型是由美国 SPARTA 公司开发的离散事件仿真模型，用于模拟任何系统地面单位的维修活动。它通过使用离散事件仿真对元件的可靠性特征及与这些因素相关的交互行为进行模拟来用于制定后勤保障需求。它能够提供大量输出，包括单个元件状态的发展过程、人员利用率和库存使用率，以及系统的可用度、系统的关键参数（如 MTBF）等，同时还可以在多个关键参数之间进行权衡。

LOGSIM 模型可以提供每一个项目和资源在想定中任何一个给定时间点的状态。对于如 TMD、NMD 等防务系统中使用的相关仿真系统，通过模拟不在位时间、人员轮班、进行维修时的人员不可用度、位置对战备完好性的影响、安全入侵以及其他非确定性的后勤影响因素，提供仿真过程中各个项目的状态，模型可以实现非常真实的演习。

从上述分析可以看出，目前国内外对战备完好性和任务持续性模型体系的研究较少，而从某一个侧面进行研究的较多，如在装备设计中对综合保障要求的研究、使用阶段对寿命周期费用与综合保障关系的研究，以及维修保障、装备的使用与维修分析、综合保障方案、使用可用度、系统效能和对各种保障资源的研究等。它们只是从某些侧面做了一些研究与建模的工作，缺少以战备完好率、任务效能等综合保障领域顶层参数作为评价装备综合保障工作的关键参数，面向装备体系的综合保障模型研究较少，缺乏对面向装备体系的综合保障问题进行系统的、综合的研究，而这方面的研究对于回答现有装备能否形成整体作战保障能力具有非常重要的意义。

2. 维修任务量变化分析

1）修复性维修事件仿真研究现状

修复性维修也称为修理或排除故障维修，是装备（或其部分）发生故障或遭到损坏后，使其恢复到规定技术状态所进行的维修活动。装备的故障一般是由于装备的可靠性因素引起的,因此,修复性维修事件主要是通过装备的可靠性仿真产生的。可靠性仿真是一种数字仿真技术,由计算机按照随机变量的理论分布产生伪随机数,并对每次产生的随机变量按系统完成任务的规则判定成功或失败。

在可靠性仿真方面,国内外学者做了比较全面的探讨与研究,形成了各种仿真技术,并开发了相应的仿真软件。下面分两个方面对国内外可靠性仿真现状进行综述。

(1) 主要的可靠性仿真方法。在较为简单的情况下,产品的可靠性问题可以用已经成熟的可靠性分析方法予以分析研究,如故障树分析法、马尔可夫状态转移图及转移矩阵分析法等。但是,随着产品结构的复杂化以及产品故障规律的多样化,用这些数学方法难以解决产品的可靠性问题。而借助计算机的数据处理优势,通过仿真的方法,可以实现对产品可靠性的分析。

① 故障树仿真。故障树分析法是通过对可能造成产品故障的硬件、软件、环境、人为因素进行分析,画出故障树,从而确定产品故障原因的各种可能组合方式和(或)其发生概率的一种分析技术。这种技术虽然直观形象,但建树过程复杂、工作量大(尤其是复杂系统)且容易发生错误或遗漏。因此,许多相关应用研究借助计算机技术,形成了产品的故障树仿真方法。

文献[4]中基于故障树所表示的各事件之间的逻辑关系图,利用结构函数,在已知各基本部件的失效分布函数的情况下,用直接抽样蒙特卡罗方法和匕首抽样蒙特卡罗方法进行系统的仿真运行。文献[5]对从故障树建立、录入计算机,直到仿真结果给予详细论述:首先化任意故障树为二叉树;其次建立基本事件链;然后用建树的递归算法实现故障树的计算机输入;最后用蒙特卡罗方法进行仿真分析;文献[6]根据导弹试验、储存、发射和飞行中的各种故障信息,运用演绎法建立了以热分离失效为顶事件的热分离故障树(TS-FT),并采用蒙特卡罗方法来获取系统工作可靠度等参量,这在当底事件为非指数分布和非马尔可夫型分布,或当系统的故障树规模很大时,都是十分有效的。文献[7]在可靠性分析的故障树模型的基础上,建立一种通用的失效树分析可靠性数字仿真程序,简化了故障树生成过程。文献[8]编制了故障树定量计算的通用 Fortran 程序,针对工程实际,应用蒙特卡罗仿真法,按照事件与逻辑门同时编号的方法,克服了失效树计算中存在的一些困难,并且用该程序对反应堆常见的失效树进行了可靠性数字仿真。文献[9]介绍了通用故障树法可靠性仿真系列软件系统,具有友好的人机界面,可实现故障树编辑及故障树逻辑关系的自动生成;等等。

② 马尔可夫型系统仿真。对于马尔可夫型系统,如果系统比较简单,则可以采取解析的方法利用状态转移图及转移矩阵求解系统的可靠性问题;但对于复杂系统,由于马尔可夫状态转移图比较繁杂,解析方法已经不足以解决问题,也需要借助仿真的方法。

文献[10]对马尔可夫型系统的仿真方法进行了详细分析。在仿真方法应用中:实体的状态及其实体和系统的功能用状态描述矩阵 M 表示;每个实体在某状态的停留时间是服从某种概率分布的随机变量,选择活动矩阵 R 表示这种客观情况,通过$(0,1)$均匀分布随机数发生器和抽样即可再现原系统中实体运行的随机因素和相互关系;每个实体状态间的转移与所研究系统中的实体实际运行情况有关,通常可用状态转移矩阵 P 表示。仿真系统中每发生一次随机事件(或在该时间点同时发生几个随机事件),也就是说进行了一次仿真试验。对于未发生随机事件的实体,实体的活动继续在原有的活动中进行,只是活动时间用推进仿真中时间的事件时间修正。对于发生了随机事件的实体,通过 M 和 P 矩阵演变即可完成一次转移,并可根据 R 矩阵进行活动选择,获得该实体的活动时间。实际仿真中:首先,根据仿真软件要求输入实体参数及系统结构和性能参数,如 P 和 R 等矩阵,并建立可靠性判据模型;其次,进行系统初始化(仿真时钟、随机数发生器以及系统的初始运行条件等),启动仿真后,在给定的系统初始条件支持下选择活动矩阵 R 对应元素,产生第一次随机事件,并同时建立 E、F、M、S、T 等初始矩阵。首先,找到下一最早事件及时间 T_{min},完成仿真钟的推进;其次,在仿真时钟和随机数发生器的支持下不断进行选择活动,完成实体状态间的转移,产生新的 F、S 和 T 矩阵,然后,根据可靠性判据模型及 S、E 和 F 等矩阵进行可靠性指标统计,并产生新的 F 矩阵。经过多次仿真运行,最后根据给定的仿真时间输出仿真运行结果。另外,文献[11]讨论了应用马尔可夫模型方法分析容错导航系统可靠性的化简问题,提出了:首先,应用马尔可夫模型方法分析每种组件的任务可靠性;其次,应用组合分析的方法综合得出整个系统任务可靠性的方法,大大简化可靠性的分析过程,减少计算量;最后,对其精度进行了仿真比较。文献[12]据某城市统计年鉴中近20年的用水量,建立转移概率矩阵,通过马尔可夫链的计算机仿真,预测了今后 5 年的用水量,并对仿真结果进行了精度估计。

③ 灰色模型仿真。基于灰色理论的灰色模型(GM)预测方法,解决了小子样机械系统可靠性分析与预测中的难题,在工程上具有可行性。GM 建模的关键在于小样本数据累加生成的新序列呈近似指数规律,或称灰指数律。机械系统可靠性研究的依据——失效率和失效密度函数都呈灰指数律。鉴于计算机处理数据的优势,相关研究均借助仿真的方法。

文献[13]基于灰色系统理论和改造的背景值计算公式,利用数据处理理论和方法建立了较为完整的齿轮弯曲疲劳寿命试验的仿真方法,具体研制了算法和编程,并在计算机上开发了齿轮可靠性仿真模块,实现了试验数据自动处理和仿真曲线自动绘制。文献[14]就机械传达链中常用机构的结构特征与工作原理,依据灰色系统理论的同构思想,建立了传动机构动作可靠性的动力学仿真模型,由从动件与原动件之间所存在间隙的灰色特征,给出了对其进行动态预测的灰色方法,并由此完成对传动机构动作可靠度的灰色动态预测,为机械系统动作可靠度的动态预测提供了可行方法。

④ 人工神经网络技术。人工神经网络是多年来对神经科学研究的基础之上,经过一定的抽象、简化与模拟的具有高度非线性的大规模动力学系统,神经网络技术在可靠性仿真领域大有所为。文献[15]讨论了基于神经网络模型的装备不工作状态可靠性分析的方法,应用人工神经网络模型对装备的不工作状态可靠性进行分析,具体步骤:针对研究对象的特点,对装备进行故障树分析,确定影响系统不工作状态可靠性的关键部件、关键件以及基本事件(影响因素);根据故障树结构,确定用于装备不工作状态可靠性分析的特殊神经网络结构;利用获得的训练样本对神经网络模型进行训练;利用新的样本数据对训练结果进行确认;确定装备不工作状态可靠性分析的神经网络模型。

⑤ 基于 Agent 技术的仿真。基于 Agent 的仿真是在仿真软件开发中引入 Agent 技术,结合 C++ 编程,建立系统仿真模型。Agent 是能通过它自身的活动状态和感知的环境参数进行分析的模型,具有自治性(在没有人为或其他 Agent 直接干涉和指导时能持续运行,对复杂刺激能自主响应并控制其内部状态和行为)、社会性(Agent 间能相互交互、协同、合作,可拥有或利用其他 Agent(包括人)的信息和知识)和反应性(Agent 能够理解所处的环境并与之交互,对环境中

发生的相关事件能及时做出反应)。Agent 包括执行加工任务所必需的知识库、负责局部任务规划与控制的推理控制单元和与环境进行交互的接口。文献[16]讨论了采用 Agent 的 FMS 可靠性仿真方法,基于 Prolog 的 Agent 能准确描述和模拟 FMS 的运行过程,再运用 C＋＋完成复杂的随机变量抽样与运算,提高了 FMS 可靠性仿真软件的智能。文献[17]提出了基于多 Agent 的面向对象的 FMS 可靠性建模方法,该方法将面向对象方法与高级 Petri 网技术相结合,并通过多 Agent 机制加以表述,使模型具有较好的通用性和可重用性,能够反映 FMS 的动态柔性特点。

⑥ Petri 网技术。Petri 网是一种网状信息流模型,它用托肯的流动描述系统的动态过程,具有严密的数学基础和直观的图形表示,同时拥有丰富的分析技术。它的语义表示清晰,能够同时显示描述状态和事件,使系统便于理解和分析。Petri 网技术广泛应用于离散事件系统仿真,以及可靠性仿真。文献[18]提出了用于 FMS 可靠性分析的扩展的面向对象的 Petri 网模型,该模型引入了公共库所及对象的模块表示,具有较好的模块性、重用性及可维护性,能够反映 FMS 的动态柔性特点;同时给出了 GOOPN 的定义,针对 FMS 系统进行了建模分析。文献[19]提出了一种通用的通信网络仿真系统 GPCNSS,用户可以根据自己的需要对通信网络的不同方面进行建模,以预测或评价通信网络各方面可靠性。文献[20]对 Petri 网模型在系统可靠性分析中的基本行为描述、故障树表示与简化、故障诊断、可靠性指标的解析计算及可靠性仿真分析等方面进行全面描述。文献[21]将基本 Petri 网模型用于设备故障仿真,描述故障形成与演化的时间历程,以及求解设备平均寿命等可靠性指标,并以柴油发动机供给系统故障为例对此进行了说明,为具体设备(单台)的剩余寿命预测提供了可能性。

⑦ 其他可靠性仿真方法。除以上介绍的可靠性分析方法外,在不同的可靠性问题领域,还有许多其他的方法。例如:文献[22]利用 Bootstrap 方法作为框架,在计算可靠度和可用度的点估计时采用加权统计估计蒙特卡罗方法,经实际计算,该方法对复杂可维修系统有很强的适用性,且计算结果可靠;文献[23]应用最新的可靠性分析理论、系统综合评定技术及采用混合语言编程,建立了基于 Windows 98 以上版本的软件平台,用来对航天员系统装船产品的可靠性进行分析,具有通用性,可望在更多领域推广使用;文献[24]以过程装备与控制多功能试验仿真系统的开发为例,灵活应用 Microsoft Visual Basic、Monitor and Control

Generated System、MATLAB 以及 Microsoft Access 等软件建立多媒体仿真实训平台,通过采用面向对象的编程技术,开发出的试验仿真系统具有功能强大、直观形象、操作方便等特点。

(2) 主要的可靠性仿真工具。基于各种可靠性仿真方法和技术,国内外学者在不同领域开发了多种有效的可靠性仿真工具。下面介绍五种工具。

① HARP – PMS 仿真工具。这个工具是针对由美国国家航空航天局(NASA)兰利研究中心的高空侦察站(High Altitude Reconnaissance Platform,HARP)设备组件包进行建模仿真而开发的。这种通用化的仿真工具基于马尔可夫模型法和故障树法,可以对具有可变配置的系统在确定的或随机的任务持续时间内,计算设备的致命性故障间隔任务时间(MTBCF)等可靠性指标,并且可以缩短仿真时间而不影响其计算精度。

② FLAMES 仿真工具。FLAMES 是作战层次分析及任务效能仿真工具。它利用图形硬件提供给用户一个功能强大的通用平台,可以用来评估多种作战想定,进而对部队的所有训练任务或实际作战任务以及介于两者之间的任何使用任务,进行具体的系统或分系统的性能及效率的分析评估,具有高度的灵活性和通用特性。

③ RAM 仿真工具。这是将 RAM 分析技术融入计算机网络仿真模型所产生一种新的重要的分析工具。它所构建的模型代表典型的作战任务以及在任务期间的故障和维修活动,通过将故障和维修信息融入网络仿真来建立一个随机的计算机模型,用以实现美国军方开发的两种车辆的 RAM 性能评估。

④ RBD 仿真工具。广义可靠性模块图(RBD),是将各个组件的可靠性模块图连接在一起组成的通用的可靠性框图。从 RBD 中,可以直接提取多种底层组件间相互连接的信息,通过计算机仿真程序,由底层组件的故障维修参数分布获取系统的故障维修参数,主要有系统的可用度、首次故障时间、MTBF 及 MTTR 四种参数。

⑤ Matlab 语言。Matlab 语言是一种面向科学与工程计算的高级语言,它集科学计算、自动控制、信号处理、优化设计、小波分析、神经网络、图像处理等于一体,具有极高的编程效率。Matlab 提供的 Simulink 是一个用来对动态系统进行建模、仿真和分析的软件包,它支持连续、离散及两者混合的线性和非线性系统。Simulink 为用户提供了很方便的图形化功能模块,以便连接成一个模拟系统,简

化了设计的流程,减轻了设计负担。在 Simulink 环境中,利用鼠标就可以在模型窗口中直观地"画"出系统模型,然后直接进行仿真。文献[25]介绍用 Matlab Simulink 来编制系统可靠性仿真程序,对研究系统可靠性仿真问题有参考意义,对于一些复杂可靠性网络,也同样可行,并且对于故障密度函数的任意形式都可以计算。

2)预防性维修事件仿真研究现状

预防性维修是在发生故障之前,使装备保持在规定状态所进行的各种维修活动。装备的预防性维修大纲的一般是经过一系列的 RCM 逻辑决断获得的,这个过程是带有主观色彩的,很难单独用仿真来予以实现。国内外在预防性维修的仿真研究中,更多的是探讨如何用仿真的方法对各种预防性维修策略进行最优化评价,并从中选取最优策略。例如,文献[26]研究了对流水线生产系统进行等风险预防性维修策略优化的问题:首先建立预防性维修的优化模型;其次设计了模型求解的遗传算法;最后在 eM – Plant 仿真环境下,将算法求解的最优预防性维修计划应用于生产系统仿真模型中进行评价,并与传统的故障替换策略进行了比较。文献[27]提出了一种考虑不同部件的差异性及对系统的不同重要性的维修策略模型,用仿真方法通过产生不同的随机数来获得部件的失效数据及维修时间,在一定可用度要求下,使系统总平均费用达到最小的最佳预防性维修周期,并给出了相应的仿真算法。

相关文献在预防性维修周期确定方面也做了一些工作。例如,文献[28]提出变压器维修周期的仿真计算方法,利用蒙特卡罗方法模拟变压器故障时间的随机性,即先对变压器基本部件的故障时间抽样,再通过故障树将其转化为整个系统的故障时间,并根据这些仿真数据统计系统的可靠度,以任务可靠度为目标函数求解维修周期。这种依据局部维修信息来决策维修周期的方法适应设备的状态维修方式,是维修周期的决策的一种有效方法。

另外,相关文献还做了在固定维修策略情况下,利用仿真技术来进行减少费用、提高效率的研究。文献[29,30]提出了船用柴油机的主要部件、易损部件的运行性能采用计算机自动巡回检测,并与正确值比较的方法,来达到故障在线自动诊断的目的。在此基础上,把仿真及神经网络技术直接应用于柴油机故障在线诊断系统,建立船用柴油机症状与故障样本集,作为神经网络故障诊断的专家知识库,以实现船用柴油机故障在线智能诊断,尤其对网络容错能力进行评估分析,从而提高故障诊断的及时性和准确率,减少误诊,防止突发事故,减少费用,提高设备效率。文献[31]介绍 ENDESA 配电公司的一种中压电缆的局放诊断系统,其结果能给出一张局放地图,展示沿电缆全长在测试时发生局放的区段、局放大小和重复出现的频率,从而与电缆在电网中的功能和重要程度结合后制定一种分轻重缓急的有选择的维修行动以达到预期的目标,可以降低维修成本、减少故障数目和提高供电质量。

在预防性维修仿真方面,国内外学者还做了一些其他的工作。例如,文献[32]提出了用计算机仿真方法实现预防性维修的关键技术:运用残余役龄和残余因子的概念,推导了三种故障维护策略下故障时间的随机抽样公式,给出了仿真分析的一般步骤,建立了有限时间区间下设备预防性维修控制策略的数学模型,对该模型进行了仿真分析,并用数值解法的结果验证了仿真结果,最终可以有效地降低设备故障的维修与设备维护成本等。文献[33]讨论了应用仿真方法的确定终身维修策略的问题,以一个简单系统为例,展示了如何通过认识一些零部件存在的与役龄相关的故障机理,来提高系统的利用率和减少非计划维修的次数。

3)战场损伤仿真研究现状

战场损伤是指装备在战场上需要排除的妨碍完成预定任务的所有事件,包括战斗损伤、随机故障、耗损性故障、人为差错、偶然事故,以及维修供应品不足和装备不适合于作战环境等不能完成预定任务的事件。它与平时的故障相比,包括了更多难以预测的随机因素。

目前,对于战场损伤的仿真主要从损伤分析与评估及战场模拟等方面进行。在西方国家,BDA 是作为战场损伤评估与修复(Battlefield Damage Assessment and Repair,BDAR)技术研究的重要内容。20 世纪 70 年代后期,以美、英、德等为代表的西方发达国家率先开展了 BDAR 的研究与应用工作,美军认为"损伤评估是整个战场抢修的中心"。1977 年,美国陆军装甲车辆司令部研究了坦克战斗损伤评估模型。1978 年,英国皇家空军(RAF)进行了飞机损伤评估与修复研究。80 年代,BDAR 在作战保障中的地位不断增强。为促进战斗损伤研究,美军于 80 年代初在赖特 - 帕森空军基地专门设立生存性与易损性信息分析中心(SURVIAC),收集、整理和分析各种有关战斗损伤的数据。1982 年、1984 年和 1989 年,美国陆军、空军和海军分别制定了各自的《BDAR 纲要》,对战场损伤评估工作的目标、评估程序及处理措施等制定了详细规程。1988年,美国海军要求海军武器中心(NWC)和海军航空研究中心(NADC)研究用于预测飞机战斗损伤的数据库,研究了"指挥控制战中的战斗损伤评估模型""评估导弹攻击防御战中战斗损伤信息价值的概率模型"等。1993年,美国国防部指令DO-DI5000.2将战斗损伤作为维修性中必须考虑的问题。美军这些工作为BDAR的有效应用铺平了道路,并在海湾战争中得到了回报。近年来,我军陆、海、空和二炮有关部门和单位在战场抢修方面同样做了许多有益的工作。20世纪80年代末,军械工程学院率先开展了BDAR及战斗恢复力(Combat Resilience,CR)理论及有关应用研究。制定了GJB/Z 20437《装备战场损伤评估与修复手册的编写要求》,组织编写了武器和雷达BDAR五类装备共7本手册,研制了军械装备战场抢修器材箱等。海军重点研究海湾战争中美军舰船维修及BDAR的经验。空军进行了飞机战伤修理研究,并组织了飞机战场抢修实兵演习。二炮工程学院编写了某型导弹三台主战装备的BDAR手册,同时还研制了某型导弹武器战场抢修工具及战场抢修微机咨询系统等。与发达国家相比,我军BDAR研究还有许多工作要做,比如,装备损伤基础数据的积累与处理,损伤评估与装备保障信息化的结合等。

例如,文献[34]应用系统仿真的方法研究了战场武器装备损坏的修理情况,用SIMAN仿真语言建立了仿真模型并进行仿真运行试验;文献[35]以某履带式自行武器的推进系统为例,建立了计算战场抢修时间的精确求解模型,并对模型进行了求解;文献[36]建立工程装备战场损伤模型,并运用蒙特卡罗方法进行了仿真探讨,通过仿真模型可以得到装备的故障时间、故障类型、损伤程度。

1.2.2　研究热点与发展趋势

通过对国内外研究现状的研究和分析,当前和将来一段时间内国内外维修保障能力评价的研究热点和难点可以归结为以下三个方面:

(1)面向任务的装备维修保障能力建模。装备维修保障工作与实际训练和作战任务结合非常紧密,装备维修保障建模的需求均来自实际工作中的需求。考虑到实际工作中各种训练与作战任务大都较为复杂,而目前很多研究工作还停留在以简单任务为背景的层次上,不能满足需要,因此急需在对复杂任务分析建模基础上解决复杂任务背景下的各种装备维修保障问题。

（2）以武器系统及其保障系统的建模为核心。早期的维修保障能力模型，通常以一种类型的装备组成的系统为建模研究对象；而现实中，武器装备的使用部门通常同时装备同种装备的多个版本或者完全不同的多种装备，或者更加复杂的情况，从而形成各种层次的装备作战单元。因为现代高科技兵器的模块化、通用性不断增强，对一种装备的保障问题必须与同时装备的其他装备的保障问题综合起来考虑，这样才能更加有效地提高保障的质量和费用效能，因此需要面向装备体系来研究综合保障领域的建模问题。

从装备形成整体作战保障能力，并最终形成战斗力的目标出发，对武器系统（保障对象）及其保障系统的研究显得尤为重要。通过对武器系统的功能结构、使用和维修活动的建模，分析系统要素之间的交互行为，如系统功能与系统结构之间、维修任务与零部件之间、任务需求与待命的装备之间等，为综合保障领域的顶层目标的研究与建模提供良好的基础。对保障系统的建模也是综合保障模型中的一个关键问题，它主要涉及对各种保障资源的分类、定量、配置和优化。对资源的建模时，重要考虑装备使用部门的编制体制、装备的维修体制和维修策略、维修机构的级别、数量、地理位置和相互之间关系等。

（3）以战备完好率、任务效能等综合保障领域顶层参数作为评价综合保障备选方案优劣的关键参数。装备体系综合保障模型的好坏需要有相应的评价参数来反映，显然综合保障领域顶层的参数，如战备完好率、任务效能等，更能从总体上反映问题。通过这些参数来评价系统的设计、使用、维修和保障方案的优劣，更符合系统使用方的需求和所关心的实际问题，这也是模型具有现实应用意义的关键。

上面对国内外在修复性维修事件、预防性维修事件及战场损伤三方面的仿真研究现状进行了综述。可以看出，现阶段在维修事件仿真领域，大量的工作是针对简单系统提出的确定仿真方法或开发的专用仿真工具。虽然有自身的优势，并在相关领域得到了应用和验证，但也存在各种不足和局限性。

本书研究的装备作战单元的维修事件仿真问题是一个复杂的问题，涉及装备作战单元及其使用任务的复杂层次分解、各单元所形成的多种可靠性关系、各单元变化多样的故障规律，以及装备的 FMEA、DMEA 与 RCM 等分析的结果。在这种背景下，需要寻找一种有效的仿真方法。

由此可见,相对于故障树、随机网络、神经网络等分析方法和仿真技术以及一些典型的仿真工具来说,Petri 网技术是一种具有较好基础、生命力强、易于表达并扩展的方法。因此,可以借鉴上述相关的仿真思路和方法,利用 Petri 网技术以及其成熟的软件建立装备作战单元的维修事件仿真模型,实现维修事件的仿真生成。

1.3   本书的主要工作

本书的主要工作是以评价装备作战单元战备完好任务持续性为目的,通过研究装备作战单元综合保障建模方法,建立装备作战单元综合保障模型,设计开发相关软件系统并进行实例研究。

1. 研究内容

(1) 面向装备作战单元的综合保障模型框架研究。从装备作战单元的定义出发,按照作战与训练任务复杂程度的层次建立了装备作战单元的层次结构。通过对各层次装备作战单元组成的分析,将不同层次装备作战单元分解为相应层次的保障对象和保障系统两部分,结合具体实例阐述了二者的含义及其在装备作战单元中的作用。

构建了装备作战单元综合保障领域三维体系框架,通过分析装备综合保障领域内的研究目标、研究对象和研究时域,提出了保障对象的战备完好性、任务持续性、可用性和可信性参数,以及保障系统的保障任务完成概率和保障任务完成时间参数,给出了实现这些参数模型需要具体研究的内容,即建立保障对象模型(包括使用任务模型、功能组成模型、维修任务模型、任务可靠性模型)、保障系统模型(资源模型、组织模型、功能模型、信息模型、过程模型)及装备作战单元的状态模型、战备完好性模型和任务持续性模型,形成了面向装备作战单元的综合保障模型三维框架,并对模型组内各种模型的关联关系和信息流向做出具体说明,重点分析了使用阶段各种保障对象模型在相应保障对象层次变化时的区别和联系。

(2) 面向维修保障能力评估的装备作战单元模型体系研究。保障对象模型包括使用任务模型、维修任务模型、功能组成模型、任务可靠性模型等。使用任务模型是对保障对象的使用任务的结构化描述。通过分析装备作战单元使用任务,给出装备作战单元使用任务分解的一般分解方法和分解原则。提出保障对象基本任务描述参数并给出它们的具体分析方法,建立基本任务描述模型。结合某型自行火炮装备作战单元,给出了典型使用任务的分解实例。维修任务模型反映的是保障对象的全部维修任务集合,是对与保障对象全部维修任务相关信息做出的具体描述。通过对维修任务进行分类分析,利用保障对象各维修任务的维修类型、维修级别、维修时机以及维修资源等,建立装备作战单元的维修任务描述模型,并给出其各种描述参数的分析方法。功能组成模型由保障对象功能模型和组成模型构成。采用逻辑的与系统的分析方法,对装备(群)的功能进行层层剖析,最终确定与特定功能相关联的功能系统,再结合装备构成将其关联到具体的可更换单元,建立起装备作战单元的功能组成模型,进而从功能与组成的角度研究装备系统的使用、维修等方面的关系。任务可靠性模型反映的是在任务规定时间内和规定条件下完成规定任务的能力。通过分析分别建立了基本任务和复杂任务下的任务可靠性模型。

从装备作战单元战备完好性和任务持续性的概念出发,提出并分析了装备作战单元战备完好性和任务持续性的评估参数。其中:战备完好性评估参数包括使用可用度、装备完好率和战备完好率;任务持续性评估参数包括任务成功概率、任务可靠度、可信度和任务效能。结合具体的基本任务和复杂任务给出了装备作战单元战备完好任务成功的理论评估方法与仿真方法。

(3)基于 Petri 网的装备作战单元维修事件仿真模型研究。对装备作战单元使用任务进行详细分析和描述,分析装备作战单元及其使用任务的层次结构和逻辑关系;明确维修事件仿真的基本思想和具体的仿真方法。通过对装备基本可靠性特点的分析,明确装备作战单元基本可靠性的全串联模型,通过对串联系统在可修和不可修两种情况下的 Petri 网模型的建立,给出装备作战单元基本可靠性维修事件仿真的逻辑图,在此基础上构建装备作战单元基于基本可靠性的维修事件仿真模型。通过对装备作战单元任务可靠性特点的分析,建立并联、旁联、表决等基本的可靠性系统的 Petri 网模型,给出装备作战单元任务可靠性维修事件仿真的逻辑图,在此基础上,分层构建装备作战单元基于任务可靠性的维修事件通用仿真模型。通过对装备预防性维修大纲的分析,根据装备作战单元的实际作战任务,选择合理策略,通过分析建立装备各单元预防性维修和故障维修之间的逻辑关系,给出装备作战单元预防性维修事件仿真的逻辑图,分层构建装备作战单元预防性维修事件仿真模型。

（4）基于 Petri 网的装备作战单元战备完好任务持续性仿真模型研究。通过对维修保障系统的分析及简化,利用 Petri 网技术分别建立维修保障系统的作为模块的仿真模型和独立仿真模型。通过对战备完好和任务持续性概念及参数的分析,明确在基本任务和复杂任务下各参数的仿真方法,利用 Petri 网技术构建装备作战单元战备完好任务持续性仿真模型,并对模型的输入和输出进行详细分析。以某型自行高炮装备作战单元为例,通过部队调研,获取某型自行高炮的实际保障工作相关数据,按照模型输入格式进行规范整理,输入本文所建立的仿真模型。通过对仿真结果的分析,验证装备作战单元维修事件仿真模型的正确性和通用性。

（5）装备作战单元战备完好与任务持续性仿真评估系统设计和实现。按照装备作战单元的定义,结合具体装备实例分析装备作战单元的主要构成要素,在各类技术文档及原始数据分析的基础上,分类整理出反映装备作战单元保障相关各方面的特征信息,建立装备作战单元的保障系统数据模型,分析使用任务的重要构成信息及其与装备作战单元的关联,建立描述装备作战单元使用任务特征要素的使用任务数据模型,确定相应的数据库结构,并按其规范格式完成装备实例信息的数据处理。

根据仿真评估的需要,建立面向基层保障人员的适应野外作战环境的数据管理客户端系统。结合基层保障部门的实际需要进行系统需求分析,在此基础上进行系统功能模块、数据传输方式与接口的设计,完成系统的程序开发。对装备作战单元在复杂任务中的使用可用度与任务效能进行评估,确定评估系统的设计目标并在此基础上进行软件分析,按作战装备作战单元相关模型的框架来确定软件的功能模块与体系结构。根据各模块功能特性,设计各自的界面,确定数据的规范并实现其基本功能。根据软件分析所确定的体系结构,设计各功能模块之间的连接和数据接口,连接仿真程序,实现对不同复杂任务下的装备作战单元的系统仿真,并完成仿真评估系统的具体开发。

实现移动平台客户端系统与仿真评估前端的远程连接。为基层数据管理系统的数据上传、下载配置安全方便的传输方案,设置安全、数据规范性、有效性等多项检验。将基层现场采集的数据以加密数据包形式上传,汇总到中央数据服务器;从数据服务器将数据客户端系统运行以及资料查询子系统所必需的数据下载到基层数据管理系统。完成评估系统仿真前端与仿真底层的连接。通过对仿真软件提供的 COM 类对象的调用,将仿真前端的仿真控制模块与仿真底层中的仿真模型联系起来,使用户能够控制仿真的运行,输入仿真所需信息并读取仿真结果。通过部队调研,获取某型自行高炮基本装备作战单元的实际保障工作相关数据,进行规范和整理,使之适用于评估系统。以此为实例,在评估系统中进行仿真,并对照实际数据进行评估结果分析,验证评估系统的可行性。

2. 典型火箭炮营维修保障能力评估应用实例

分析典型火箭炮营的任务、构成以及维修保障特点,明确某型火箭炮营综合保障能力影响因素。建立某型火箭炮营使用任务模型、功能组成模型、维修任务模型、维修保障系统模型以及战备完好与任务持续性仿真模型。分析典型火箭炮营综合保障能力仿真评估的数据需求,收集典型火箭炮营武器系统的任务、构成、故障与维修等方面的数据,按照确定的数据处理方法对相关数据进行数据处理。对典型火箭炮营的实弹演习任务进行仿真,将仿真结果与实际使用中的统计数据对比,验证典型火箭炮营综合保障能力仿真评估系统的有效性和实用性,并进行备件、人员、设备对综合保障能力的灵敏度分析。

1.4　本章小结

本章首先阐述了研究的目的和意义;其次,综述了综合保障领域的典型模型,以及国内外在战备完好与任务持续性参数和模型方面的研究现状与研究热点;最后,概述了本书的主要研究内容。

第2章 装备作战单元维修保障
能力评估研究框架

2.1 装备作战单元概念

2.1.1 装备作战单元描述

1. 装备作战单元含义

从一般意义上来讲,装备作战单元是指部队建制中可以执行作战和训练任务的军事单位。针对我们研究的目标,这里所提的装备作战单元是指装备作战单元中的武器系统及其相应的保障系统,而且对于保障系统,目前主要考虑其中的维修保障问题。装备作战单元是有层次的,随着作战与训练任务的复杂程度不同,装备作战单元的层次及其所涉及的内容和范围也相应地发生变化。

对应于战略性任务、战役性任务和战术性任务,装备作战单元分别是指相应任务涉及的全军、战区、作战集团,以致师、旅或更小军事单位所辖范围内的武器系统及其相关的保障。按照装备作战单元层次划分,当其划分到能够独立执行作战或训练任务的最小军事单位时,就称为基本装备作战单元。

下面以陆军某型防空导弹系统(图2-1)为例,描述装备作战单元的层次性及装备作战单元中武器系统和保障系统的概念。

某型防空导弹系统是陆军第二代地空导弹系统的一个型号,可用于要地防空或野战防空,它与其他地面防空武器一起构成较完整的地面防空火力配系。它是以营为基本装备作战单元,由作战装备、辅助装备及配套资源组成。其中:作战装备包括导弹、光学瞄准具、搜索指挥车和发射制导车,是直接用于作战的装备;辅助装备的主要功能是完成对武器系统的检测、维修、供电,以及对导弹的运输、转载、测试、装填等任务,包括电子维护车、电子备件车、标杆车、机械维修车、导弹测试车、导弹测试控制车、运输装填车、运弹车、12kW电源车和40kW电源车等。

　　该防空导弹系统的上一层为防空旅,防空旅一般包含数个不同系列的导弹营、高炮营等,加上防空旅自身配属的修理营就构成了一个多层的装备作战单元。此时,战区导弹站和总部导弹技术保障大队等是上级支援保障资源,一般来说根据计划安排和实际需要给各层次装备作战单元以相应的维修保障支援。

　　通过对图 2 - 1 给出的陆军某型防空导弹系统装备作战单元组成的分析可以看出:

　　(1)装备作战单元是有层次的。最底层的基本装备作战单元独立执行相应的作战和训练任务,上一层次装备作战单元包含了多个下一层的基本装备作战单元或装备作战单元,负责执行与本层次相适应的较高层次的作战和训练任务。

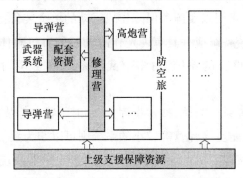

图 2 - 1　陆军某型防空导弹装备作战单元层次体系结构

　　(2)不同层次装备作战单元均包含保障对象(武器系统,包括主战装备和辅助装备)和相应的保障系统(特指维修保障系统,包含本级维修保障和支援级维修保障,即图中所示深色部分)两部分内容。其中:顶层装备作战单元由其所辖范围内所有武器系统组成的武器体系和维修保障系统组成;中间各层次装备作战单元由其所辖武器系统及其维修保障系统组成;底层装备作战单元,即基本装备作战单元是由其所辖各装备组成的武器系统和保障系统组成。这里提到的各级保障系统都包含本级的维修保障和支援级的维修保障。通常而言,装备作战单元层次的不同,其对保障的需求也不同,因而保障系统提供的资源也不同。装备作战单元的层次越高,需要保障系统提供的保障力量就会越强。

　　为了方便后续对装备作战单元的研究,进一步分析各层次装备作战单元构成并完成建模工作,按照上述分析将装备作战单元分解为保障系统和武器系统(保障对象)。通过对保障系统和保障对象分别进行研究,来构建面向装备作战单元的模型。

为了下一步能够对装备作战单元进行建模分析,首先结合前面给出的实例对装备作战单元组成中的保障对象和保障系统两部分分别进行描述。

2. 保障对象描述

保障对象是装备作战单元中各种武器装备组成的直接执行各种军事任务的武器系统,包括主战装备和辅助装备。保障对象是维修保障系统保障的直接对象,其战技术性能完好是装备作战单元形成战斗力的物质基础。

从上述装备作战单元组成的分析可以看出,对应于不同的装备作战单元层次,其保障对象也有相应的层次。保障对象一般分为装备、武器系统和武器体系三种。其中:装备是指用以实施和保障作战行动的单个装备;武器系统是由相互配合的武器和技术装备组成并具有一定作战功能的有机整体;武器体系是指在武器系统层次之上更大的系统,由多个武器系统组成,用于完成更大范围的任务。

以上述防空导弹系统为例:搜索指挥车、发射制导车等装备就属于这里提出的装备层次;而某型防空导弹营等较小的系统则可以归为武器系统层次;在这些系统之上的如防空旅以至更上层的系统都是由若干武器系统组成的大系统,因而都可以归为武器体系层次。这里所说的武器体系可能有多个层次,它们与装备、武器系统等就一起形成了保障对象的各个层次。

3. 维修保障系统描述

维修保障系统是指在保障对象的寿命周期内,对其进行维修保障所需的所有保障资源及其管理的有机结合,是为达到既定目标(如 A_o)使所需的保障资源相互关联和相互协调而形成的一个系统,是经过综合和优化的维修保障要素构成的总体。

维修保障系统的组成要素一般包括维修资源、维修制度和维修保障机构等。其功能是完成维修任务,将待修装备转变为技术状态符合规定要求的装备。

维修资源一般包括维修(保障)规划、人员数量与技术等级、供应保障、保障设备、技术资料、训练与训练保障、计算机资源保障、保障设施、包装装卸储存与运输和设计接口。

维修制度是指与装备维修工作有关的管理规定。

维修保障机构主要指修理机构的设置,通常划分为几个维修级别,按梯次配备。目前,我国陆军的维修保障系统在平时采用三级维修保障体制——基层级维修、中继级维修和基地级维修。随着装备的模块化设计的发展,以及机内检测设备和外部监测设备的配套完善,一些新型的技术含量比较高的装备(如导弹、自行火炮等)的维修形成了基层级、基地级两级维修体制的发展趋势,即弱化了中继级的功能。对应于平时,战时中继级的作用就比较明显,主要是提供伴随保障和支援保障(包括现场支援、远程支援等),实际上是临时配置到基层级展开工作。而基地级则主要对后送的装备或零部件进行维修,所以战时的主要工作是由经过加强的基层级来做的。

2.1.2　某型自行高炮装备作战单元简介

为了方便后续的研究工作,满足对装备作战单元战备完好任务持续性参数及其模型实例分析的需要,首先对某型自行高炮装备作战单元做简单描述。

某型自行高炮是应付低空和超低空的空中目标,保护装甲机械化部队快速机动的防空武器系统,它能够自主全天候高性能工作,并且能够在行进间完成跟踪和射击。该型自行高炮以连为基本装备作战单元,连武器系统包括主战装备(6 门自行高炮、指挥车)和配套装备(电源车、弹药车、检测车和模拟训练器),它与相应的保障系统一起构成了一个基本装备作战单元,如图 2 - 2 所示。该自行高炮连一般配属装甲团,装甲团所辖武器系统及其保障系统则构成了一个装备作战单元。在各级装备作战单元层次中,维修保障任务是通过本层次配套的保障资源和支援级的保障资源组成保障系统来共同完成的。

根据自行高炮使用特点和我军编制体制情况,并且考虑到其机动作战情况,其维修保障力量为梯次部署,随着维修保障能力的改善逐步减少指挥和保障层次。该型自行高炮采用基层级、中继级和基地级三级保障体制。

在平时,三级维修包括:

(1)基层级维修:只限定完成较短时间的简单维修任务,主要是对其武器系统进行调整、换件等,通常包括检查、维护、润滑、调整、更换部件等。

(2)中继级维修:主要任务是完成中修,同时担负支援基层级维修的任务。实际上是负责维护和修理基层级不能修理又不必送到基地级修理的产品。

(3)基地级维修:为完成大修及改装所组织的一级维修。维修是按流水作业进行,由专门的修理机构、企业化修理工厂或承制方人员完成。

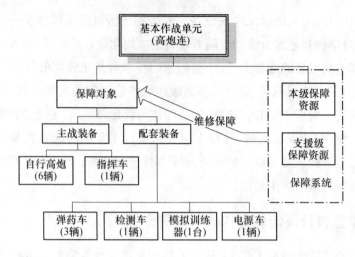

图 2 - 2　自行高炮基本装备作战单元的组成分解

在战时,三级维修包括:

(1)基层级维修:保障单位以排或加强排编成,伴随保障和现场修理是其基本任务。

(2)中继级维修:通常为集团军(师)编内的维修保障群。其战时支援基层级保障,主要完成中修、特修任务。

(3)基地级维修:战区或后方相对稳定的修理厂(或制造厂)、仓库及其组织机构构成的后方保障基地。其任务是支援中继级或基层级的伴随(现场)维修保障,完成中修、特修、大修或全面修理,以及集中处理战场报废的装备物资。

2.2　装备作战单元维修保障能力评估论域体系框架

2.2.1　装备作战单元维修保障领域三维框架

从系统科学的角度出发,对一个系统或领域的研究,可以通过研究目标、研究对象、研究时域的三维结构对需要研究的内容,在不同时域,针对不同对象的相应目标,进行描述和分析。对于装备维修保障领域,同样可以适用上述方法:从维修保障领域的研究目标出发,分别从维修保障领域的对象域、时域和目标域进行分析,建立起装备作战单元维修保障领域的三维体系框架,如图 2 - 3 所示。

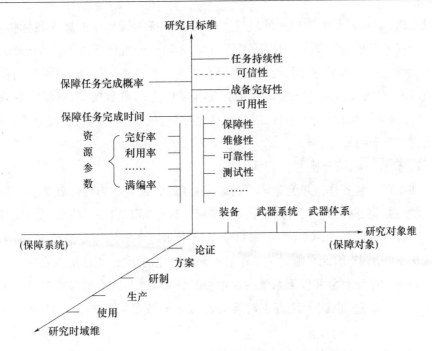

图 2 - 3　装备作战单元综合保障领域三维体系框架

2.2.2　维修保障领域分析

1. 研究目标域分析

维修保障的最终目标是确保装备作战单元的战备完好与任务持续性。装备作战单元的战备完好性是装备作战单元在平时和战时使用条件下能随时开始执行预定任务的能力,反映的是需要执行下一任务时的可用性问题。任务持续性是当要求装备作战单元在规定的任务时间内能够连续执行作战任务的能力,它不仅有装备作战单元可用性的要求,还进一步提出了装备作战单元可信性的要求。可用性表示装备在任一随机时刻需要和开始执行任务时处于可工作或可使用状态的程度,它受装备的可靠性、维修性、维修制度及保障资源等因素的影响。可信性是指装备在任务开始时可用性给定的情况下,在规定的任务剖面中的任一随机时刻,能够使用而且完成规定功能的能力。它受装备的任务可靠性、任务维修性、安全性和生存性等因素的影响。

从装备作战单元的战备完好与任务持续性目标的含义出发,通过上述分析可以看出,影响装备作战单元的战备完好与任务持续性目标的属性目标很多。在进行任务分析的基础上:对保障系统而言,要通过分析包括各种保障资源的完好率、利用率、满编率、费用、延误时间等在内的资源参数,建立保障系统的任务完成时间、任务完成概率等反映保障系统保障能力的参数模型;对保障对象而言,则要研究其可用性、可信性,以及包括可靠性、维修性、保障性、安全性、测试性等的各种装备质量特性。

2. 研究对象域分析

如果选择装备作战单元整体作为研究对象,那么对应的目标就是装备作战单元的战备完好性、任务持续性等顶层指标。这样影响装备作战单元的战备完好与任务持续性各项因素(包括来自装备使用和装备维修保障的情况)的细节就无法反映出来,因此只能对装备作战单元做泛化的研究,无法深入到装备作战单元内部的保障对象和保障系统层次进行具体研究,无法得到保障对象和保障系统的底层信息,也就无法真正对装备作战单元战备完好与任务持续性进行评估。

从装备作战单元的描述分析可知,每一层次装备作战单元都包含保障对象以及与保障对象紧密相关的保障系统。对应装备作战单元的不同层次,保障对象也具备相应的层次性(单一装备、武器系统和武器体系等)。由于保障系统是围绕着保障对象展开活动的,因此也具有相应的层次性。所以这里选取保障对象和保障系统作为研究对象。相应的目标域为保障对象目标和保障系统目标两部分,可以在对这两部分进行研究的基础上再对装备作战单元的战备完好与任务持续性这两个顶层目标做进一步的深入研究。

对应于使用任务由简单到复杂,保障对象由底层到顶层分为装备、武器系统以及武器体系等几个层次。只有包括装备、武器系统、武器体系等各层次保障对象分别形成战斗力时,装备作战单元才能形成整体的战斗力。

(1)装备:武器系统中的单件武器装备。武器装备较少单个完成某项任务,一般与其他装备结合共同完成某项任务。

(2)武器系统:由相互配合的武器和技术装备组成,并具有一定作战功能的有机整体。一般包括武器本身及其发射或投掷的各种运载工具、观瞄装置,以及指挥、控制、通信等技术装备。由单件武器构成的单一武器系统和由多种武器构成的组合武器系统一般用于实现战役与战术任务。武器系统是目前重点研究的保障对象。

（3）武器体系：也称为系统的系统，即多个独立的武器系统综合在一起时，构成一个更大的系统以满足广泛任务范围的需求。一般用于实现战略任务和比较大的战役任务。

3. 研究时域分析

从时域来说，装备的可靠性、维修性、保障性等保障特性必须从论证阶段就加以考虑，是贯穿于装备寿命周期各个阶段的一个反复、有序迭代的分析过程。因此，必须在装备寿命周期内包括论证、方案、研制、生产、使用等各个阶段对保障对象及装备作战单元战备完好任务成功进行分析研究。

在论证阶段和方案阶段，主要工作是将武器系统的设计要求分解为装备的设计要求。

在方案阶段后期、研制阶段和生产阶段，系统级权衡分析结束后，主要是针对单个装备（简称单装）的各项指标进行设计与分析，随着设计和研制的深入，逐步达到系统整体目标。

在使用阶段，研究的重点是在武器系统和武器体系层次；同时会侧重评估工作，不断地提出对保障对象和保障系统的改进建议。

2.2.3　各维之间的关系

1. 研究目标维与研究对象维的关系

对于不同层次的研究对象（不同层次的保障对象及其相应的保障系统），对其做研究时所关心的目标属性也有所不同。对于庞大的武器体系层次，更为关注的是其能否保证任务成功；对于武器系统层次，关注其战备完好性和任务持续性目标；对于更低的装备层次，不仅要关注其战备完好性和任务持续性目标，还要关注其可靠性、维修性、保障性等属性。

2. 研究目标维与研究时域维的关系

在全寿命周期的各个阶段，都要开展装备的维修保障工作。从论证阶段和方案阶段提出装备的各种维修保障目标与要求开始，到装备研制、生产阶段，要进行分析和设计、试验与评价等各项保障特性工作，从而实现对装备维修保障能力进行不断的改进和完善。在装备使用阶段，保证对装备实施有效而经济的保障，收集分析关于装备可靠性、维修性和保障方面的数据资料，研究保障的效果，从而对装备使用与保障状况进行评价与分析,必要时对保障的策略、计划进行修订。

3. 研究对象维与研究时域维的关系

从装备、武器系统到武器体系等各保障对象层次,在时间域上,体现为论证阶段、方案阶段、工程研制阶段、生产阶段和使用阶段等几个寿命周期阶段内对应的研究客观对象。在论证阶段和方案阶段,主要是从武器系统或武器体系的总体任务、目标出发进行系统级的分析。此时,还没有详细设计信息,不可能对低层次产品项目进行分析,主要是分析系统设计方案和使用方案,确定保障特性、费用和战备完好性的主要影响因素,制定保障方案,对系统保障特性、费用和战备完好性目标进行权衡分析。在方案阶段后期、工程研制阶段和生产阶段,系统级权衡分析结束后,分析工作转移到较低层次的产品项目上,主要工作更多地集中在由总体任务和目标分解给出的各装备、各系统层次的任务和目标,随着设计、研制的深入,通过反复的指标分配和预计,最终达到系统的总体目标。在使用阶段,研究的重点是在武器系统和武器体系层次,保障特性和保障能力评估工作,不断地为保障对象和保障系统的改进提供合理化建议。

本项研究侧重于使用阶段的单一装备/武器系统的综合保障问题。

2.3 装备作战单元维修保障能力评估模型与建模方法体系

上 2.2 节提出了装备作战单元在综合保障领域的分析目标,建立了装备作战单元综合保障领域三维体系框架。为了研究目标维中提出的各种目标,需要有相应的模型体系来分析评估这些目标。

2.3.1 针对目标维的模型分析

从前面对研究目标域的分析可知,对于装备作战单元战备完好与任务持续性问题的研究,涉及可用性、可信性、可靠性、维修性、保障性等在内的装备质量特性,以及保障系统保障能力和各种保障资源参数等。对各层次装备作战单元的战备完好、任务成功进行评估,并进一步研究依据评估结果辅助进行保障方案调整和生成的方法。其关键在于研究制定科学、合理的评估参数和模型体系。

对于可用性来说,在实际使用中一般用稳态可用度衡量,它可表示为在某一给定时间内能工作时间与能工作时间和不能工作时间总和之比。要达到对其进行准确分析的目的,就需要知道包括不工作时间、待命时间、反应时间、任务时间等在内的能工作时间,以及包括维修时间、改进时间、保障资源延误时间、管理延误时间等在内的不能工作时间的情况。可信性描述的是装备能否持续地正常工作,它主要取决于任务可靠度和任务维修度,同时也受安全性和生存性等因素的影响。

对这些影响因素进行分析,就需要知道装备的包括任务时间等在内的使用任务需求、装备的任务可靠性、装备的功能组成、装备的故障与维修,以及影响保障资源延误时间、管理延误时间等因素的维修保障系统运作过程等。显然,对这些问题的研究需要建立相应的一组模型,包括:装备作战单元的战备完好、任务持续和状态模型;保障对象的使用任务模型、功能组成模型、维修任务模型和任务可靠性模型;保障系统的业务过程模型、保障能力模型等。

2.3.2　装备作战单元建模方法体系框架

针对上述分析,下面给出了装备作战单元的建模方法体系结构——包含研究对象维、保障时域维和模型维(包括保障对象模型、保障系统模型)的三维结构,如图2-4所示。

需要指出的是,装备作战单元的状态模型和战备完好、任务成功评估模型需要在保障对象模型与保障系统模型的基础上才能分析建立。

该三维框架结构实际上反映了(保障系统模型,保障对象,保障时间)和(保障对象模型,保障对象,保障时间)两个三维框架,它面对装备作战单元分析综合保障领域的相关问题。

1. 模型维上各种模型的含义

模型维给出了各个保障对象层次在不同保障时间段上的各种模型,是面向装备作战单元的综合保障建模方法体系结构的核心内容。它包括装备作战单元的战备完好模型、任务成功模型、状态模型及保障对象模型、保障系统模型等。

保障对象模型包含保障对象的使用任务模型、功能组成模型、维修任务模型和任务可靠性模型等,各模型之间关系如前所述。

(1)使用任务模型是对保障对象的使用任务的结构化的描述。模型包括两个层次:一是描述保障对象的使用任务要求,使用任务分解为基本任务后组成的

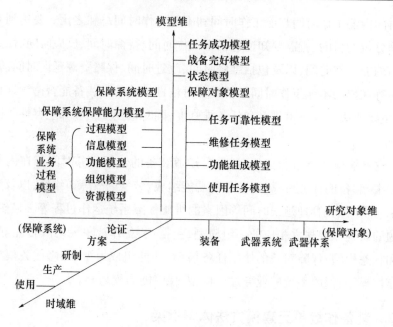

图 2-4　面向装备作战单元的综合保障模型三维框架

时序关系的逻辑模型;二是基本任务的描述模型,主要描述基本任务所涉及的装备功能系统及系统的工作方式等。

（2）功能组成模型是从系统功能和系统组成两个角度对系统的构成做出描述。它将保障对象的系统、分系统、子系统的功能与维修级别、维修单元联系起来。按照基本任务←功能↔维修→维修任务的对应关系建立联系,最终为使用任务与维修任务的联系起到桥梁的作用。

（3）修任务模型反映的是保障对象的全部维修任务集合,包括预防性维修任务、修复性维修任务和战场抢修任务。由 RCM、FMEA 和 BDAR 确定出每一项维修任务的维修类型、维修级别、维修时机以及维修需要消耗的资源等。显然,针对具体的某个使用任务,所涉及的（或影响其任务完成的）维修任务只是其中的一个子集。

（4）任务可靠性模型反映的是在任务规定时间内和规定条件下完成规定任务的能力。一般用任务可靠度作为描述参数,结合保障对象故障与维修的情况也可以直接用仿真模型进行分析。

为了计算各种后勤延误时间,以及维修保障过程中各类资源的能力、种类、数量的保障情况(如满足情况等)对后勤延迟时间的影响,需要在建立保障系统的业务过程模型和保障能力评估模型。借鉴企业 CIM－OSA(Computer Integrated Manufacturing－Open System Architecture)的建模体系框架结构,对于维修保障系统,可通过过程模型来描述其运作过程。维修保障系统运作过程需要相应的组织单位与角色、一定种类和数量的保障资源,需要了解各组成功能的分解结构及各部分之间的信息需求关系,因此必须建立组织模型、资源模型、功能模型与信息模型。

状态模型是描述装备作战单元在运作过程中所处状态转移与变化的网络模型。

通过对装备作战单元状态模型的分析,以及描述装备作战单元战备完好和任务持续性参数与底层参数的构成的数学关系进行理论分析,或者通过分析装备作战单元的各种逻辑关系,建立仿真模型,运行仿真后采用相应统计分析的方法建立战备完好和任务成功模型。

2. 模型维与保障对象维、时域维的关系

通过对建立的模型体系框架进行分析,基于各维的含义,下面针对面向装备作战单元的综合保障模型组(保障系统模型/保障对象模型)与保障对象维、时域维之间的关系做进一步的描述说明。

1) 模型维与保障对象维的关系

保障对象层次上的变化反映的是部队编成层次上的变化,即由战术单位到战役单位,再到战略单位的过程。随着保障对象层次的从装备、武器系统到武器体系的变化,其执行的使用任务范围也在不断扩大,相应层次保障对象的功能组成、维修任务及任务可靠性都要随之发生变化。同时,由于保障对象及其所执行任务的改变,所消耗的保障资源的数量和范围也随之不断增大。实际上,随着装备作战单元层次的变化,保障系统的资源、组织、功能、信息、过程等模型随之发生变化,并最终使得保障系统能力模型发生变化。因此,保障对象层次上的变化引起相应的保障对象模型和保障系统模型也就会随之发生变化,需要不同的模型来描述各种层次的装备作战单元。保障对象模型的建立必须充分注意到这种层次性,否则所建的模型就不可能准确地反映装备保障问题。

2) 模型维与时域维的关系

在武器系统及其维修保障全寿命过程中,每个阶段模型的重点和任务存在着比较大的差异,在时域的每一个阶段对保障对象模型和保障系统模型的研究侧重点不同。在装备论证阶段,进行任务需求分析,明确装备的用途、任务和工作方式、使用与维修方式、负载情况、运输储存和保管条件、对操作和维修人员的要求等,初步建立装备作战单元的使用任务模型、维修任务模型和功能组成模型。在此基础上,性能、进度、费用权衡中确定综合保障目标,包括战备完好性、任务持续性参数指标及费用指标等,并将其转化、分解为可靠性、维修性、保障性等设计参数,以及保障系统和资源参数,建立初步的保障系统模型需求,提出战备完好任务成功模型参数。在方案阶段,进行装备功能分析,通过原理样机研制,确定系统详细的功能与组成模型,进行初始的维修级别分析,为装备设计的每个备选方案制定多个保障系统备选方案并参与各设计备选方案的权衡分析,以满足系统任务需求。在研制阶段,进行详细功能设计,实现装备功能组成模型的详细设计,制定一套能够用于采办各种维修保障资源的正式维修保障计划,研制和获取经过权衡优化的各项维修保障资源,同时需要确定系统的作战效能和使用适用性。在生产阶段,使生产出的装备符合装备作战单元的各种模型中提出诸多方面的要求,对各种模型做进一步优化。在使用阶段,主要活动是装备的使用、维修与保障,对装备作战单元进行科学准确的评价,提出更改意见;确定各种环境下保障资源要求,现场考核保障资源的充足程度,评估保障资源对战备完好任务成功的影响,进行维修保障数据的收集、分析与反馈。

2.3.3　模型之间的关系

装备作战单元各种模型之间有着较强的关联性,模型组中各个模型之间的信息流向及相互之间的工作关系非常明确,如图 2-5 所示。

对保障对象所有使用任务通过按层次的逐步分解,可以分解到全部由保障对象基本任务构成的使用任务逻辑关系模型。如果保障对象是高于单个装备的层次,则保障对象基本任务还能够继续分解到由单个装备基本任务组成。根据单个装备基本任务的定义,单个装备的基本任务实际上是对应着单个装备的功能,也可能关联着一个或几个功能系统。

通过对装备作战单元功能组成模型分析,能够将装备作战单元分解到对应各维修级别的维修单元层次。通过对全部维修单元的故障与维修情况进行分析,就能建立维修任务模型。保障对象的各功能单元组成是装备作战单元完成

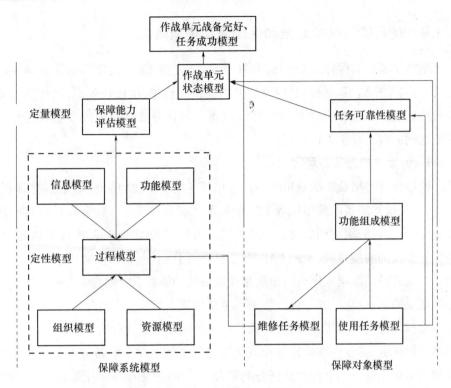

图 2-5　装备作战单元模型关系

各项任务的基础,也是建立装备作战单元任务可靠性模型的基础。不同的使用任务,涉及的装备作战单元的功能单元也不相同,而维修任务需要保障系统运作来完成。例如,某项维修对资源有请求,而现有保障资源不能满足要求,就要通过请领、下拨等一系列活动组成的过程完成保障资源的供应。因此,维修任务是保障系统业务过程发生的初始来源。

保障系统模型采用多个模型从不同的侧面来描述装备维修保障系统。其中,功能模型是基础,过程模型是核心,资源模型、组织模型、信息模型是支撑。

以使用任务和功能组成模型为基础可以建立任务可靠性模型。通过分析任务可靠性框图,可以把系统在任务期间所有可能的状态列举出来。因为所研究的系统为可修系统,所以还需要有保障系统保障能力来决定各状态之间的转移概率。综合任务可靠性模型和保障能力模型,就能够建立特定任务条件下的装备作战单元状态模型。装备作战单元的状态模型是建立装备作战单元的战备完好与任务成功模型的基础。

2.3.4 使用阶段保障对象和保障对象模型研究

本节主要针对保障对象分别为单个装备、武器系统、武器体系等不同层次时,保障对象模型(包括使用任务模型、功能组成模型、维修任务模型、任务可靠性模型)、装备作战单元的状态模型和战备完好任务成功模型等发生的变化及它们之间的内在联系进行分析。

1. 保障对象为装备层次

使用任务模型反映的是单个装备使用任务的结构化的描述。模型包括两个层次:一是描述装备的使用任务按时序关系分解为各项基本任务以后所组成的逻辑模型;二是分解得到的每一项基本任务的描述模型,包括基本任务概述、基本任务涉及的功能系统、系统工作方式、任务工作时间、维修任务完成时间等方面。单个装备功能组成模型给出的是此装备的功能列表及列表中各种功能涉及功能系统的描述,它反映了单个装备的主要功能描述及构成情况。

维修任务是指由于故障、虚警或按预定的维修计划进行的维修活动,包括预防性维修任务、修复性维修任务和战场抢修任务等。单个装备的维修任务模型反映的是单个装备的全部维修任务的集合。其中:预防性维修任务通常有保养、操作人员监控、使用检查、功能检测、定时拆修、定时报废及上述工作的综合,这里还加入了为保障装备在预定的环境中使用和执行预定的任务所需的保障工作;修复性维修任务是根据 FMECA 结果确定需要进行的修复性维修工作;战场抢修任务主要是在特定的时间和条件下采用简单与应急的修复方法修理特殊的损伤和部位,它与平时预防性维修和修复性维修在很多情况下是不同的。

任务可靠性框图表示在规定的任务剖面中完成系统规定功能的各个功能单元之间的逻辑关系,这种逻辑关系有串联、并联、混联、冷储备、表决及它们的组合。单个装备的任务可靠性框图反映的是单个装备的各主要功能系统之间的逻辑运作关系。

状态转移模型是描述系统与其组成功能单元在运作过程中所处状态变化与转移的网络模型。单个装备的状态模型描述的是任务期间单个装备与其主要功能单元各种状态之间的转换关系。

基于状态模型,战备完好任务成功模型:既可以通过解析方法,利用马尔可夫可修复系统的分析方法建立;也可以分析装备在任务执行中的各种逻辑关系后建立仿真网络图,利用仿真方法建立。比较而言:解析方法相对复杂;而仿真方法的关系则相对简单,可采用仿真方法对单个装备战备完好任务持续性进行评估。

2. 保障对象为武器系统层次

武器系统的使用任务模型是按照武器系统使用任务→武器系统基本任务→单个装备基本任务的层次进行结构化描述。它包括两个层次:一是描述武器系统的使用任务分解为武器系统基本任务以后,所组成的时序关系的逻辑模型;但武器系统基本任务有可能关联到多个装备的功能单元,这里多个装备的功能单元可以是相同的,也可能是完全不同的,它们共同完成上述的武器系统基本任务。二是分解得到的武器系统基本任务和单个装备基本任务的描述模型,描述方法与单个装备类似。

装备作战单元某项基本任务是由若干相关装备的相应功能来实现的,视相应任务要求不同,在某个装备作战单元基本任务下对应的相关装备功能之间有可能是相似的,也可能是完全不同的。

武器系统的功能组成模型是以单个装备的功能组成模型为基础的。武器系统功能组成关系可以按照武器系统功能→单个装备功能→单个装备功能系统的三层结构给出。首先,给出武器系统的功能列表;然后,将列表中武器系统各项功能对应到武器系统中各类装备的功能上;最后,根据单个装备功能涉及的单装功能系统,给出武器系统功能涉及的单装功能系统。

武器系统的维修任务模型反映的是武器系统的全部维修任务的各种特性及相应参数。因为武器系统中含有大量同类和在某些功能上相似的装备,所以武器系统的维修任务并非各单装维修任务的简单叠加。同类或相似装备的可靠性、维修性参数相同或类似,它们对维修的要求有很多相似的地方。因此,在研究武器系统时,对所包含的装备按相似程度进行归类,对同类装备的维修可采取相同的措施。对不同的装备的维修采取不同的措施。例如,对多个同类别的装备,在做预防性维修时可以对同类的装备做同样的维修计划,对修复性维修的分析也可以认为同类的装备服从同样的故障分布。

武器系统的任务可靠性框图反映的是在特定任务背景下武器系统内各装备之间的功能逻辑关系,即装备作战单元使用任务分解为基本任务后,完成这些基本任务的武器系统中的各装备与各装备的功能系统之间的功能逻辑关系。单个装备的任务可靠性框图是武器系统的任务可靠性框图的基础。例如,18 台车中取 16 好时 n 中取 k 模型,它反映的是各装备的功能逻辑关系对武器系统的影响方式。

武器系统的状态模型反映的是特定任务条件下武器系统的各种状态之间转换关系。由于武器系统包含多种装备,其可能存在很多种状态,状态转移图也比较复杂。

同样地,武器系统的战备完好任务成功模型用解析方法计算比较复杂,而仿真方法相对简单。通过对执行特定任务的武器系统进行分析,建立状态模型,利用仿真方法建立仿真网络图进行仿真,给出任务持续性参数和任务中武器系统战备完好性参数。

3. 保障对象为武器体系层次

武器体系与武器系统是不同层次装备作战单元中对应的保障对象,不同之处在于武器体系是更高层次装备作战单元中的保障对象。保障对象为武器体系时,对应的保障对象模型组与保障对象为武器系统时的保障对象模型是类似的,都是装备作战单元级的模型。

2.4　本章小结

本章从装备作战单元的定义与内涵研究出发,对应装备作战单元使用任务的层次,建立了装备作战单元的层次结构;通过对各层次装备作战单元组成的分析,将不同层次装备作战单元分解为相应层次的保障对象和保障系统两部分;分析了维修保障领域内的研究目标域、研究对象域和研究时域,建立了装备作战单元维修保障领域三维体系框架;针对研究目标维进行分析,提出维修保障能力评估模型体系,建立了面向维修保障的装备作战单元模型三维框架体系;针对在使用阶段的不同层次保障对象,分析了保障对象模型的变化和它们之间的联系,并给出了建模方法体系。

第3章　面向维修保障能力评估的装备作战单元模型体系

3.1　装备作战单元使用任务模型

3.1.1　任务分析

任务,是军事任务的简称,是武装力量为满足特定的军事需求所要达到的目标及承担的责任。根据军事任务要求及任务范围的不同,军事任务可以分为战略任务、战役任务和战术任务等多个层次。

使用任务是指装备作战单元在指定时间内要求完成的训练任务和作战任务。对使用任务的描述应该包括完成任务持续时间、任务强度、战时维修要求、环境条件和保障条件等。使用任务的复杂程度是与其任务的层次紧密相关的:当装备作战单元为全军时,相应的是战略任务;当装备作战单元为战区或集团军时,相应的是战役任务,如对台作战;当装备作战单元为师、团,或是基本装备作战单元(连一级或营一级)时,相应的是某一次战斗中要具体完成的任务。

按时序,使用任务通常划分为多个阶段,这与国外一些文献中提到的多阶段任务系统(Phased Mission System,PMS)的含义是一致的。PMS 是一种任务系统,它在整个任务执行过程中包含一系列具有时间连续且不相互重叠特点的任务阶段,每个任务阶段有不同的任务可靠性要求。其各个阶段任务之间在任务系统配置、故障判据及单元故障特性等方面会发生变化,不尽相同。

相应地,每个任务阶段都称为一个阶段任务。在一个给定的阶段任务中,系统配置、任务是否成功的判据及单元故障特性等是相对固定的。

阶段任务的划分可大可小,如果划分后的任务系统配置较复杂,将会带来后续分析研究的复杂性,因此有必要引出具有最小配置的阶段任务,即基本任务的概念。基本任务是与保障对象最小功能配置相关阶段任务。

使用任务按照阶段划分,阶段主要按照其配置划分。在划分配置时取最小配置,使用任务(多阶段任务)和基本任务的关系就可以统一描述为如图 3 - 1 所示的形式。

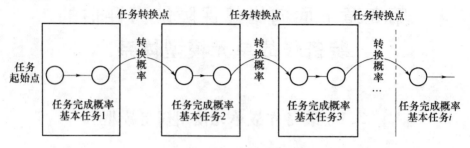

图 3 - 1　复杂任务分解描述

从图 3 - 1 中可以看出,复杂任务是由若干基本任务的顺序执行而构成的,只有顺利地顺序完成每个基本任务,才能够完成复杂任务。任务完成概率表示第 i 个基本任务成功完成的概率。由于各个阶段任务(或基本任务)之间在任务系统配置、任务是否成功的判据及单元故障特性等方面会发生变化,因此上一个阶段任务的完成并不表示可以顺利进行下一个阶段任务的工作,有可能下一阶段任务不能够顺利开始。图 3 - 1 中就表现为在任务转换点上有一个转换概率,即为基本任务之间的转移成功概率(假设任务转换不需要时间)。

3.1.2　使用任务模型的含义

使用任务模型是对保障对象的使用任务的结构化的描述。为了对使用任务进行清晰的结构化描述,满足今后建模的需要,引入基本任务的概念。

基本任务与保障对象最小配置相关,实际上是与保障对象最小功能相关联的任务,是最简单的一种使用任务。基本任务是使用任务的最小单位,各基本任务之间是相互独立、互不覆盖的。它是保障对象功能系统承担任务的最小集合,因此对保障对象的战备完好性和任务持续性的影响也最小。在后续模型对使用任务的研究中,基本任务是可以重用的,这也是它与阶段任务的主要区别。如果不考虑重用,则可以用阶段任务的概念。

建立使用任务模型的研究内容分为两个部分:①将使用任务按照一定分解原则和方法分解为一系列的基本任务;②对分解后得到的各基本任务涉及的功

能系统、系统工作方式、任务工作时间、维修任务完成时间等做详细的描述,建立所有基本任务的描述模型。

3.1.3　使用任务模型的建模方法

1. 复杂任务的分解

军事行动中,使用任务一般是比较复杂的,存在着诸如任务的时序性、任务的多样性、任务的间断性、任务期间是否可修等问题,不利于问题的简化和分析。为了能够进一步研究保障对象使用任务,可采取将复杂使用任务分解到基本任务的方法,建立起使用任务和基本任务之间的关系。在针对基本任务做具体的分析描述的基础上,依据它们之间的关系再做进一步的复杂任务分析。

复杂使用任务很难直接分解到各种基本使用任务,通常需要经过逐层分解,为能够清晰地描述装备作战单元使用任务与基本任务之间的关系,引入子任务的概念。

子任务实际上是一个局部的复杂使用任务,它可以继续分解成多个子任务或基本任务。引入子任务的概念,可以从两个方面简化典型任务:①从大的方面来说,使任务的分解按照层次结构逐步展开;②对具体任务来说,可以暂时将不易被分解的但又不得不分解的任务先定义成子任务,以便进一步细化。

复杂任务可以通过分解成多个子任务和基本任务来完成,而子任务可以继续划分成多个基本任务和子任务,所以复杂使用任务最终可以分解成多个基本任务。复杂使用任务、子任务与基本任务的层次结构如图 3 − 2 所示。

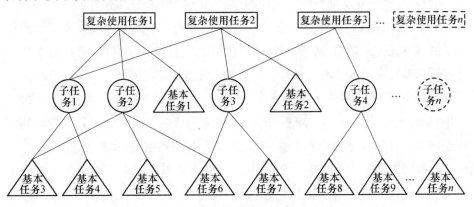

图 3 − 2　复杂使用任务、子任务与基本任务的层次结构

使用任务的分解有以下两个特点。

（1）每项基本任务之间相互独立。也就是说，各基本任务在任务时间、功能多能等方面具有相对独立性。

（2）子任务和基本任务可以重用。即不同复杂使用任务下，分解的子任务或基本任务可以重复出现。

从图3-2可以看出，保障对象所有复杂使用任务通过逐层分解，最终都可以分解为若干基本任务。根据使用任务复杂程度的不同，最终形成的使用任务与基本任务关系有可能比较简单（如图3-3所示的串联关系），也有可能相对复杂，甚至有可能形成较为复杂的网络关系（图3-4）。

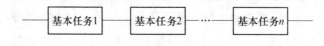

图3-3　使用任务分解之串联关系

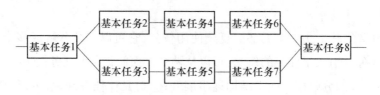

图3-4　使用任务分解之网络关系

上述关系可以针对不同层次的保障对象（从单个装备、武器系统到武器体系）的使用任务做任务分解，其分解方法都是类似的，只是对于不同层次保障对象，其分解得到的基本任务也有相应的层次，如单个装备使用任务就分解为若干单装基本任务，武器系统和武器体系的使用任务则分解为若干武器系统和武器体系的基本任务。显然，武器系统、武器体系及单个装备的基本任务所涉及的装备范围以及与完成该基本任务有关的功能系统范围是不同的。

一般情况下，这种使用任务分解得到的一系列基本任务是有相应顺序的。其中，保障对象的每一个基本任务的描述应该包括在完成规定任务这段时间内所经历的事件和环境的时序描述，包括影响任务持续性的故障判断准则等。

当保障对象为单个装备层次时，其使用任务和基本任务局限于单个装备对应的任务。这时其使用任务按照前述的分解方法可以分解为由若干个单装基本任务，而这些单装基本任务是与此装备的最小功能相对应的。与各种功能相关联的是此装备的一个或数个功能系统。

当保障对象为武器系统层次时,其使用任务和基本任务则是武器系统对应的任务。这时其使用任务按照前述的分解方法可以分解为由若干个武器系统基本任务,而武器系统基本任务是与此武器系统的最小功能相对应的。与单个装备不同的是,武器系统基本任务一般可能关联到数个不同装备的多个功能系统,多个装备的功能系统可以是相同的,也可能是不同的,它们共同完成相应的武器系统基本任务。

当保障对象层次进一步提高,直至非常大的武器体系时,其分解方法及对应关系与保障对象为武器系统层次时类似,只是在相应的层次关系上可能更为复杂一些。

2. 基本任务描述模型

基本任务描述模型是针对保障对象所有基本任务的集合进行的描述。从满足后续模型分析需要的角度出发,不仅有对基本任务及其涉及系统的描述,而且有实现该基本任务的功能系统、任务要求的工作时间、维修时间等参数等,这样才能从整个任务阶段的任务需求、任务工作、任务期间维修等方面对该基本任务进行较为全面的描述,见表 3 – 1。

表 3 – 1　基本任务描述模型描述

模型描述	基本任务概述	基本任务涉及的功能系统	系统工作方式	任务工作时间	维修任务完成时间
描述内容	对基本任务做简要描述	给出相应一个或数个功能系统	描述系统为完成此任务的工作方式、过程	完成该任务的规定时间	任务规定的任务期间的维修时间

基本任务概述是对基本任务中保障对象层次及其需要完成的功能做简要说明。

基本任务涉及的功能系统是此任务执行过程中需要实现自身功能的功能系统。针对不同层次保障对象,基本任务涉及的功能系统范围不同。对于单装,只能是本装备内的一个或数个功能系统。对于武器系统或武器体系,则可能涉及不同装备的若干功能系统。确定一个基本任务涉及哪些功能系统,需要由任务的分析给出。

系统工作方式是对完成该基本任务的功能系统如何工作做出详细描述。不仅给出系统各部分工作的方式、顺序等内容,还要明确各功能系统之间的工作关系,如串联、并联或其他更为复杂的关系。

任务工作时间表示完成该基本任务的时间要求。由于工作时间可能为行驶里程、发动机工作时间、炮弹击发数等多种广义时间,为了与维修时间在量纲上统一,方便后续的分析和计算,需要将它们统一转换到日历时间上。转换关系为

$$T_{日历} = T_{广义}/Q$$

式中:$T_{日历}$为日历时间;$T_{广义}$为不能以日历时间给出的其他工作时间;Q为转换系数,是根据使用任务的不同而确定的广义时间与日历时间之间的时间转换系数。

维修任务完成时间是指在该基本任务执行过程中,能够用于进行维修的最大时间,为最大的任务完成时间与任务工作时间之差。

不同的任务对维修的要求不同:若任务期间内考虑维修,则还需要给出系统规定维修任务完成时间。当计算与任务有关的参数时,只需考虑所有影响任务成功的故障;如果计算与任务无关的参数时,则考虑所有故障的维修时间。

3.1.4　使用任务模型实例研究

1. 使用任务分解实例

下面以某型自行火炮武器系统为例,首先给出其典型使用任务列表,然后按照图3－2所示分解方法分别给出各种使用任务的分解示意图。

某型自行火炮装备作战单元的典型任务包括作战任务和训练任务。这里以实弹射击训练任务和一般炮场训练任务作为典型使用任务进行任务分解的实例研究。典型使用任务列表见表3－2。

表3－2　典型使用任务列表

典型复杂任务名称	任务内容描述
实弹射击训练	在野外进行的实弹射击训练
一般炮场训练	在炮场进行的日常训练

基于前面介绍的任务描述方法,对装备作战单元的典型任务进行逐个分解。下面对某型自行火炮装备作战单元的典型使用任务进行逐层分解(复杂使用任

务→子任务→基本任务）。考虑到画图方便,此处不再用圆形和三角形来区分子任务和基本任务。如未进一步说明,则认为分解已经到了基本任务层次,将在后续的相应任务的基本任务列表中体现。实弹射击训练任务的分解如图 3－5所示。

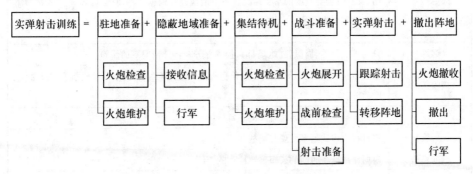

图 3－5　实弹射击训练任务的分解

实弹射击子任务又可以进一步分解为跟踪射击和转移阵地。转移阵地也是一个子任务,可以继续分解成多项基本任务的组合,如图 3－6 所示。

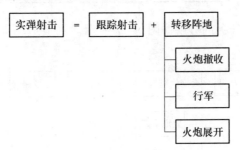

图 3－6　实弹射击子任务的分解

基本任务的定义,跟踪射击应该是一项基本任务。这里给出进一步的分解,只为说明基本任务的继续分解将是一系列的活动。

可以看出,实弹射击训练的第一层分解、第二层分解和第三层分解（实弹射击子任务中转移阵地子任务的分解）中,都出现了行军这一基本任务。在所有子任务分解到基本任务层次后,典型任务的基本任务集合应是其所有子任务的不重复基本任务的集合。实弹射击训练任务的基本任务列表见表 3－3。

表3-3 实弹射击训练任务的基本任务列表

基本任务名称	基本任务描述
火炮检查	分定期和不定期检查。定期检查自行火炮的数量和质量、擦拭保养、保管、配套、使用、安全管理等制度的落实情况。不定期检查是根据武器使用、修理和交接等工作的实际需要进行的
火炮维护	分为等级保养、周保养(炮场日)、换季保养及特殊情况下的保养
接收信息	指挥车接收目标指示雷达、导航信息处理机、数据终端机、空情接收机及 GPS 的经度、纬度信息
行军	保证自行火炮武器系统各车的正常行驶
火炮展开	将自行火炮武器系统展开至战斗状态
战前检查	根据作战准备时间的长短确定检查的范围
射击准备	开机、加电等系列射击前准备
跟踪射击	包括跟踪、选择、锁定、射击目标等系列活动
火炮撤收	从战斗状态撤收至行军状态
撤出	从阵地撤回

一般炮场训练任务的分解如图3-7所示。一般炮场训练任务的基本任务列表见表3-4。

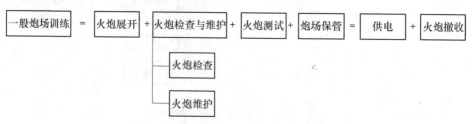

图3-7 一般炮场训练任务的分解

表3-4 一般炮场训练任务的基本任务列表

基本任务名称	基本任务描述
火炮展开	将自行火炮武器系统展开至战斗状态
火炮检查	分定期和不定期检查。定期检查自行火炮的数量和质量、擦拭保养、保管、配套、使用、安全管理等制度的落实情况。不定期检查是根据武器使用、修理和交接等工作的实际需要进行的

（续）

基本任务名称	基本任务描述
火炮维护	分为等级保养、周保养（炮场日）、换季保养及特殊情况下的保养
火炮测试	利用测试车进行全面的检查与测试
炮场保管	按照种类、建制序列和保管状态的要求在车库（场）保管；工具箱、光学仪器集中保管
供电	电源车对整个武器系统供电
火炮撤收	从战斗状态撤收至行军状态

通过对上述使用任务的分解情况进行汇总分析，建立某型自行火炮武器系统的全部基本任务集合，见表 3 - 5。

表 3 - 5　某型自行火炮武器系统的基本任务集合

基本任务名称	基本任务描述
火炮检查	分定期和不定期检查。定期检查自行火炮的数量和质量、擦拭保养、保管、配套、使用、安全管理等制度的落实情况。不定期检查是根据武器使用、修理和交接等工作的实际需要进行的
火炮维护	分为等级保养、周保养（炮场日）、换季保养及特殊情况下的保养
接收信息	指挥车接收目标指示雷达、导航信息处理机、数据终端机、空情接收机及 GPS 的经度、纬度信息
行军	保证自行火炮武器系统各车的正常行驶
火炮展开	将自行火炮武器系统展开至战斗状态
战前检查	根据作战准备时间的长短确定检查的范围
射击准备	开机、加电等系列射击前准备
跟踪射击	包括跟踪、选择、锁定、射击目标等系列活动
火炮撤收	从战斗状态撤收至行军状态
撤出	从阵地撤回
炮场保管	按照种类、建制序列和保管状态的要求在车库（场）保管；工具箱、光学仪器集中保管
供电	电源车对整个武器系统供电

2. 基本任务描述实例

"国庆阅兵"任务作为某型自行火炮武器系统的一个特殊的使用任务，包括火炮系统展开、火炮系统行军和火炮系统火炮撤收三个基本任务。下面针

49

对某型自行火炮武器系统的"国庆阅兵"任务,建立其基本任务描述模型,见表3-6。

表3-6 "国庆阅兵"任务的基本任务描述

基本任务 / 任务描述	火炮系统展开	火炮系统行军	火炮系统撤收
基本任务概述	将火炮武器系统从储存状态展开至行军状态	火炮武器系统行进	将火炮武器系统从行军状态展开至储存状态
基本任务涉及的功能系统	各车火控系统、底盘系统	各车底盘系统	各车火控系统、底盘系统
系统工作方式	自行火炮主发动机启动,带动全系统初级电站及电机扩大机工作供电。随动控制箱电源随火控系统加电接通,数字控制板计算机复位,显示相应信息。炮手确认随动状态正常时启动执行电机,开始工作	驾驶员进行出车前检查后,启动发动机。通过操纵系统控制动力、传动、行动、悬挂、制动等分系统协同工作,完成行驶任务。电气系统自成系统,独立于全炮之外,为底盘系统提供电源	火控系统工作,将武器系统各部分恢复为行军状态
任务工作时间	10～30min	假设每天行驶90km,平均速度为30km/h,那么每天需要工作90/30＝3(h)	10～30min
维修任务完成时间	由于任务时间较短,可以认为任务期间不考虑维修	根据不同的阶段有不同的完成任务时间。如系统规定0.5天内完成任务,认为一天工作8h。则0.5×8-3＝1(h)。这就要求任务期间无论发生多少次影响任务成功的故障,都必须在这1h内完成维修任务	由于任务时间较短,可以认为任务期间不考虑维修

由于阅兵主要涉及某型自行火炮武器系统中的指挥车和自行高炮车两种装备,所以表3-6中的装备是指这两种装备。

3."国庆阅兵"任务实例

在"国庆阅兵"任务中,训练主要分为单车训练(包括指挥车和炮车)、单排面及单列训练、双排面训练、方阵训练、预演及阅兵等阶段。具体情况:单车训练约两个月;单排面及单列训练约一个月;双排面训练约一个月;方阵训练约一个月;预演三次及阅兵一次。这里所指的时间是指日历时间,即从×月××日到××月×日共166天。

根据上述训练安排,可以将整个阅兵及训练任务分解为单车训练、单排面训练(包括单列训练,二者车辆数一样,均为4×1)、双排面训练(4×2)、方阵训练(4×4)及阅兵预演和阅兵任务(4×2+2×1)五个阶段。考虑到单排面训练、双排面训练和方阵训练实际上都是要保证16辆车能够完成训练任务即可,故可将这三个任务归为一种任务。因此,可以认为存在下面三种使用任务。

(1)单车训练。这里需对单车做任务模型分析,考虑到只是完成"行军"这一基本任务,因此仅研究单车基本任务模型。

(2)18辆炮车+3辆指挥车训练。这个阶段考虑有维修和替换的18中取16系统(18辆炮车中保证有16辆能够正常工作)和有维修和替换的3中取2系统(3辆指挥车中保证2辆能够正常工作)两种模型。

(3)预演及阅兵。这个阶段不需要考虑修理和替换,由于正式阅兵及每一次预演之前都留有一段时间检查保养车辆,可以认为开始时应有18辆车完好地在工作。本任务中只是各车底盘系统在工作,而指挥车与自行火炮炮车的底盘系统相同,因此可以认为是具有随机故障时间的无修理和替换的简单系统中 n 单元串联系统。而且考虑到任务的特殊性,任务开始时可以合理地认为所有装备均为完好,不必再考虑任务开始时的战备完好性,而只需要得到18辆车安全顺利地通过指定区域的概率,也就是任务持续性的问题。

"国庆阅兵"及其之前主要是针对某型自行火炮武器系统中自行高炮车和指挥车的底盘系统进行训练,因此上述三种任务均可以分解为"展开""行军"和"撤收"三个基本任务,仅在于保障对象层次的不同,如图3-8所示。其相应的基本任务描述可参见表3-6。

图3-8　"国庆阅兵"使用任务分解

3.2 装备作战单元维修任务模型

3.2.1 维修任务模型的含义

维修任务是指由于故障、虚警或按预定的维修计划进行的维修活动。维修的目的是:充分发挥各种保障资源的作用,以最低的消耗保持和恢复军事装备的性能,保障部队完成作战、训练和其他任务。维修任务包括预防性维修、修复性维修和战场抢修等。

预防性维修是在装备未发生故障前预先进行的维修。目的是保持装备的规定状态,消除故障隐患,防患于未然。预防性维修通常包括保养、操作人员监控、使用检查、功能检测、定时拆修、定时报废及上述工作的综合等。一般通过 RCMA 来确定装备预防性维修要求。

修复性维修也称排除故障或故障维修,是为了将出现故障或损坏的装备恢复到规定状态所进行的维修。一般根据 FMECA 结果确定需要进行的修复性维修工作。这种维修工作通常是非计划性的,一般包括故障检测与定位、故障隔离、分解、更换、重新装配、调校及检测等。

战场抢修主要是在特定的时间和条件下采用简单与应急的修复方法修理特殊的损伤和部位。这些修理工作根据预计的作战环境、战损评估和作战经验专门制定。战场抢修与平时预防性维修和修复性维修在很多情况下是不同的,它可以认为是一种特殊的修复性维修。

维修任务模型反映的是保障对象的全部维修任务集合,是对与保障对象全部维修任务相关信息做出的具体描述。这样建立的维修任务模型是保障对象维修任务的全集。对于不同目的的研究工作,相应的维修任务模型涉及的维修任务范围也不同:如果要研究的保障对象从顶层一直到底层时,维修任务模型就由全部维修任务构成;当只关心部分保障对象层次的部分维修任务(如研究一个旅有多少需要让军区完成的维修)时,只有研究对象所涉及的维修任务才能进入此时的维修任务模型。

3.2.2　维修任务模型的建模方法

1. 维修任务模型及其描述参数概述

维修任务模型反映的是保障对象的全部维修任务集合。其中,维修任务是由保障对象故障引起的。研究其保障问题,要明确各维修任务的维修类型、在什么级别维修、何时维修、维修时需要那些保障资源等情况。因此,维修任务模型应包括保障对象各维修任务的维修类型(预防性维修和修复性维修)、维修级别(基层级、中继级和基地级)、维修时机(随机的时间或维修制度规定的维修间隔期)以及维修资源消耗与维修资源占用(人员、设备、备件、工具、设施、技术资料等),见表 3-7。

表 3-7　维修任务模型描述

模型描述	维修类型	维修级别	维修时机	维修资源
描述内容	预防性维修和修复性维修	基层级、中继级和基地级	随机的时间和维修制度规定的维修间隔期	具体的数量消耗或占用时间

资源消耗要给出具体的数量消耗或占用时间等,目前主要考虑人员、设备和备件三类保障资源。

2. 维修任务模型描述的分析方法

1) 维修级别

维修级别是指按照装备维修时所处场所而划分的等级,通常是指进行维修工作的各级组织机构。我军采用的是三级维修,一般分为基层级、中继级和基地级三个维修级别,对于一些技术较复杂的电子装备,也有取消中继级维修而采取两级维修的。各级维修机构都有需要完成的工作任务和配备于该级别维修工作相适应的工具、维修设备、测试设备、设施及训练有素的维修与管理人员。维修级别分析的目的主要是确定各级的维修资源。同样的维修任务在不同的维修级别所需的维修资源不同,而相同的维修资源在不同的维修级别使用情况也不同。

对于修复性维修,则需要进行"修理级别分析"(Level of Repair Analysis,LO-RA)确定其维修级别。修理级别分析是针对故障的项目,按照一定的准则为其确定经济、合理的维修级别,以及在该级别的修理方法的过程。除特殊需要外,一般应将预防性维修任务确定在耗费最低的维修级别,一般在 RCMA 中对各项具体维修工作提出建议的维修级别。

在维修级别分析中,采用维修级别分析决策树和维修经济分析模型,对每一个待分析的产品,首先应进行非经济性分析,确定合理的维修级别。如不可能,则需要进行经济性分析,选择合理可行的维修级别(基层级、中继级、基地级分别以 O、I、D 表示)或报废(以 X 表示)。

2)维修时机

对于预防性维修任务,其工作是否有效与其进行的时机关系十分密切。预防性维修任务进行的时机也称为间隔期。预防性维修间隔期的长短主要取决于装备的技术状况变化和可靠性要求。但是,由于故障出现的随机性,以及装备使用条件的复杂变化,在实际确定有效的间隔期时还要考虑:装备上各类设备维修时机的匹配;各维修级别的承受能力;维修费用与时机的协调和保障条件是否具备等。要经过反复的分析和验证才能确定。

维修工作间隔期,一般根据类似产品以往的经验和承制方对新产品维修间隔期的建议,结合有经验的工程人员的判断确定。在能获得适当数据的情况下,可以通过分析和计算确定。根据不同预防性维修工作类型的要求,可以给出它们各自间隔期的计算和分析公式。

修复性维修一般是非计划性维修,其维修时机也就是装备发生故障的时机。

3)维修资源

在确定了要实施的预防性维修工作类型和装备故障后是否修理,由谁修理之后,还必须确定为完成这些维修工作所需的维修保障资源和要求。这些都需要通过维修工作分析来确定。

维修工作分析(MTA)是对装备的维修工作进行确定并将其分解为作业步骤进行详细分析,用以确定各项维修保障资源要求的过程。其主要是针对预防性维修工作、修复性维修工作和战场抢修工作这三种维修工作进一步划分为一系列维修作业,维修作业又可进一步划分为维修工序(基本维修作业)。

维修工作一般包含接近、调整、对准、校准、分解(装配)、故障隔离、检查、安装、润滑、操作、翻修、拆卸、修复、更换、保养、测试等维修作业。维修工作一般分解为若干个维修作业。

表 3-8 为维修任务的工作分析表。表 3-8 中的分析结果表明完成某项维修任务的工作分析可以形成一个数据库。该分析表指明:完成任务所需的时间,

维修人员的技术等级、数量,进行维修时需要的设备,需要的备件的品种、数量等。这里主要列出了人员、设备和备件三类保障资源。实际上,该分析表可以对包括人员、设备、工具、备件、技术资料、训练和训练保障、计算机资源,以及包装、装卸、储存和运输等的各种保障资源需求进行分析,给出各种保障资源的种类、数量等需求。

对于每一故障的维修活动都进行这样的维修工作分析,其结果汇总后就可以确定在各个维修级别上进行维修所需的主要保障资源要求,包括其类型和数量等。

维修任务的分解按照维修任务→维修作业→维修活动的顺序进行逐步分解。表3-8中给出的是分解到维修作业的情况,维修作业可以进一步分解到维修活动,在维修活动层次上基本能确定维修资源的要求。

表3-8 维修工作分析表(示例)

项目名称	控制器汇总板	件号	A101-153-6	组件名称	流量控制器	件号	A101-153		说明事项
维修工作	更换有故障线路板	工作编号	03	工作频数	0.002	维修级别	中继级		
维修作业工序号	维修作业名称	维修时间/h	操作人员 数量	操作人员 等级	总工时/(人·时)	日历时间/h	维修设备 名称	维修设备 编号	备件及消耗品 名称	备件及消耗品 件号	备件及消耗品 数量	
0010	确定故障部位	0.05	1	4	0.05	0.05	测试器	1622-5				分解前应再测试,以确定故障部位
0020	分解	0.09	1	4	0.09	0.09	扳手	6811-2				
							起子	6011-2	线路板	A101-153-8	1	
0030	更换线路板	0.10	1	4	0.10	0.10	起拔器	6314-1	接线座	A101-8239	4	
0040	装配	0.12	1	4	0.12	0.12	扳手	6811-2	螺钉	832567-M	6	
							起子	6011-2				
0050	测试	0.05	1	4	0.10	0.05	测试器	1622-5				
合计					0.46	0.41						

3. 不同层次保障对象的维修任务模型

单个装备的维修任务模型反映的是单个装备的全部维修任务的集合,包括其维修任务的各种特性及相应参数值的详细描述。

武器系统的维修任务模型反映的是武器系统的全部维修任务的各种特性及相应参数值,显然它应该包含武器系统中所有装备的维修任务。但武器系统的维修任务并非所有单个装备维修任务的简单叠加,这是因为武器系统中含有大量同类或在某些功能上相似的装备。同类或相似装备的可靠性维修性参数相同或类似,它们对维修的要求有很多相似的地方。因此,在研究武器系统时,要对所包含的装备按相似程度进行归类:对同类装备的维修可采取相同的措施;对不同类别装备的维修采取不同的措施。例如,对多个同类别装备,在做预防性维修时可以对同类装备做同样的维修计划,对修复性维修的分析也可以认为同类装备服从同样的故障分布。而战场抢修则根据预计的作战环境、战损评估和作战经验,对装备进行分类。

武器体系的维修任务模型与武器系统类似,只是其包含的维修任务范围更大。

假设武器系统有 n 个装备组成,每个装备的维修任务用集合 $X_1, X_2, \cdots, X_n$ 表示。这里,$X_1, X_2, \cdots, X_n$ 可以是单个装备的预防性维修任务集合,也可以是修复性维修任务集合和战场抢修任务集合。

如果不考虑各种装备维修任务之间的重叠,武器系统的相应维修任务集合就可以表示为

$$M_0 = \sum_{i=1}^{n} X_i$$

实际上,武器系统各装备的维修任务总会有一定的重复。考虑到这一点,武器系统的相应维修任务集合应为

$$M = \bigcup_{i=1}^{n} X_i$$

相应地,假设武器体系中各武器系统的维修任务集合为 $M_1, M_2, \cdots, M_m$,那么武器体系的维修任务集合应为

$$S = \bigcup_{i=1}^{m} M_i$$

式中:维修任务集合之间"并"的关系表示不同层次保障对象维修任务集合之间不是直接叠加关系,而是考虑了相似装备、相似功能系统、相似维修任务等的归类处理后的关系的体现。

对维修任务进行归类处理时,必须考虑它的归属问题(明确维修任务在哪

个装备上发生),这样才能在后续的仿真分析中易于应用。对于这个问题,可以考虑给维修任务附加一个属性—所属装备,维修任务可能在一种装备上发生,也可能在数种装备上发生。

3.2.3　维修任务模型实例研究

下面以某型自行火炮武器系统的部分维修任务为例,给出自行火炮维修任务的描述表的实例,见表3-9。各种保障资源的种类和数量可以通过前述的维修任务的工作分析表给出,这里只给出备件、人员、设备三种保障资源的情况。

表3-9　自行火炮维修任务描述表(部分)

维修任务名称	维修单元名称	维修类型	维修级别	维修时机	维修时间/h	人员占用	备件消耗	设备占用	维修费用
传动装置检查盖矫正	传动装置检查盖	P	O: A/D		0.67	2			
传动装置检查盖除锈	传动装置检查盖	P	O: A		0.67	2			
传动装置检查盖更换	传动装置检查盖	P	O: B/D		0.33	2	1		
固定螺栓更换	侧减速器加油装甲盖	P	O: B		0.17	1	1		
锁扣更换	锁扣	M	O: B		0.17	1	1		
(左)大灯灯座更换	(左)大灯灯座	P/M	O: B		0.33	1	1		
(左)大灯灯座修复	(左)大灯灯座	P/M	O: E		0.33	1			
(左)大灯灯泡更换	(左)大灯灯泡	P/M	O: B		0.33	1	1		
(左)灯罩更换	(左)灯罩	M	O: B		0.33	1	1		
(左)防空灯灯座更换	(左)防空灯灯座	P/M	O: B		0.33	1	1		
(左)防空灯灯座电路修复	(左)防空灯灯座	P/M	O: E		0.17	1			
(左)防空灯灯泡更换	(左)防空灯灯泡	P/M	O: B		0.33	1	1		
(左)防空灯灯罩更换	(左)防空灯灯罩	M	O: B		0.33	1	1		
(左)固定耳焊接	(左)固定耳2个	M	O: E		0.25	2			
(左)固定耳矫正	(左)固定耳2个	M	O: A/D		0.25	1			
(右)大灯灯座更换	(右)大灯灯座	P/M	O: B		0.33	1	1		
(右)大灯灯座修复	(右)大灯灯座	P/M	O: E		0.33	1			
(右)大灯灯泡更换	(右)大灯灯泡	P/M	O: B		0.33	1	1		
(右)大灯灯罩更换	(右)大灯灯罩	M	O: B		0.33	1	1		

（续）

维修任务名称	维修单元名称	维修类型	维修级别	维修时机	维修时间/h	人员占用	备件消耗	设备占用	维修费用
（右）防空灯灯座更换	（右）防空灯灯座	P/M	O：B		0.33	1			
（右）防空灯灯座电路修复	（右）防空灯灯座	P/M	O：E		0.17	1			
（右）防空灯灯泡更换	（右）防空灯灯泡	P/M	O：B		0.33	1			
（右）防空灯灯罩更换	（右）防空灯灯罩	M	O：B		0.33	1			
主发动机柴油滤芯更换	主发动机	P/M	I：B		0.33	2	1	1	
⋮	⋮	⋮	⋮	⋮	⋮	⋮	⋮	⋮	⋮

注：1. 维修类型中：P 表示预防性维修；M 表示修复性维修。

2. 维修级别中：O 表示基层级维修；I 表示中继级维修；D 表示基地级维修。

3. 维修级别的维修方法中：A 代表维护（清洗、擦拭、换油、功能检查）；B 表示更换（组合、插件、零部件、元器件、密封件）；C 代表测试（用辅助手段对产品进行功能鉴定）；D 表示调试（校准、排除因失调引起的故障）；E 表示修理（排除因失效引起的故障）。例如，O：A/B 表示基层级的维护或更换

3.3 装备作战单元功能组成模型

3.3.1 功能组成模型的含义

功能组成模型是采用逻辑的与系统的分析方法，首先对装备（群）的功能进行层层剖析，最终确定与特定功能相关联的功能系统，再结合装备构成将其关联到具体的可更换单元。其主要目的是为了从功能与组成的角度研究装备系统的使用、维修等各方面之间的关系。

保障对象的功能组成模型由保障对象功能模型和组成模型构成。

针对不同保障对象，通过结构分析能够建立其完整的组成结构关系。通过功能分析能够给出保障对象的所有功能列表，针对每一种功能进行分析，可以逐层分解到装备的具体功能。对装备功能进行分析直到底层，就可以与保障对象的组成结构联系起来，从而在功能与组成之间建立相应的逻辑关系。

3.3.2　功能组成模型建模方法

1. 功能组成模型描述方法

武器系统功能组成关系可以按照武器系统功能、单个装备功能和单个装备功能系统的三层结构给出。其通用的描述方法如图 3 - 9 所示。

图 3 - 9(a)为功能层次,图 3 - 9(b)为组成结构,其关联点为各装备的功能系统,功能系统进一步分解则可关联到可更换单元(LRU)层次。

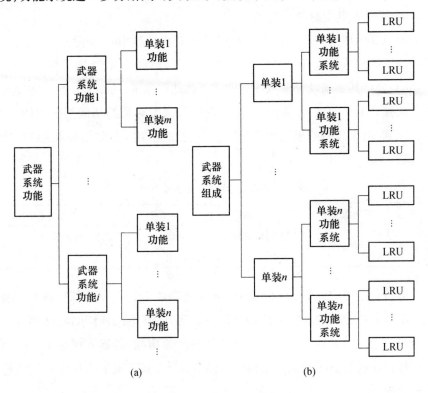

(a)　　　　　　　　　　　　(b)

图 3 - 9　武器系统功能组成通用描述方法

(a)功能层次;(b)组成结构。

以武器系统为例,建立了其功能组成的通用描述方法示意图,如图 3 - 9 所示。武器系统有若干功能,武器系统某项功能是由单个装备或数个装备的相应功能共同完成,而单个装备的某一功能则是依靠装备中一个或数个相应功能系统来完成的。

图 3-9 为不同层次保障对象的功能组成关系的通用描述方法。从图 3-9 中可以看出:无论是单个装备、武器系统还是武器体系,都可以按照这种方法描述保障对象的功能层次关系。只是随着保障对象层次的提高,其功能组成关系描述也变得更为复杂。具体地说:如果是单个装备,只要列出其各项功能涉及的功能系统即可;如果是武器系统或武器体系,则需要根据武器体系、武器系统和武器装备之间的层次关系,给出它们功能之间的关联关系,再建立功能组成关系图。

2. 功能组成模型的参数描述

功能组成模型反映的是保障对象的功能和组成之间的逻辑关系。通过上述对其描述方法的分析过程可以看出:首先要对保障对象进行功能分析;然后针对每种功能,分析其需求及完成该项功能需要的功能系统,再结合保障对象本身从功能系统直到 LRU 的组成结构,完整地建立起保障对象的功能组成逻辑关系。因此,对功能组成模型的描述包括功能模块、功能描述、功能要求和主要功能系统等参数,见表 3-10。

表 3-10 功能组成模型描述

模型描述	功能模块	功能描述	功能要求	主要功能系统
描述内容	具体功能的名称	对具体功能的简单描述	各种功能的具体要求	完成此功能涉及的一个或数个功能系统

武器装备定型后,就明确了功能组成模型描述参数表中的各项内容。装备或武器系统的功能模块及组成结构都已经确定,能够给出详细的功能模块列表和系统组成结构图。通过分析装备或武器系统的功能,能够方便给出其功能要求。将装备或武器系统功能和结构组成结合起来,就确定了实现此功能所涉及的装备功能系统。

3.3.3 功能组成模型实例研究

下面以某型自行火炮武器系统为对象描述其功能组成模型。

1. 装备作战单元功能分析

通过对某型自行火炮武器系统进行功能分析,给出某型自行火炮武器系统及其主要装备的功能列表,见表 3-11。

表 3 - 11 某型自行火炮武器系统及其主要装备功能列表

所属系统	功能	功能说明
自行火炮武器系统	展开与撤收	将自行火炮武器系统展开至战斗状态及从战斗状态撤收至行军状态
	行驶	利用自行火炮武器系统各车底盘系统按指定要求实施开进、机动、转移、撤退等
	系统检测	利用检测车和各车的机内检测设备对各种装备进行全面的检测
	搜索目标	炮手在高、低两个方位上搜索目标
	跟踪射击	搜索到目标后进行跟踪,可转入自动跟踪,也可手动跟踪;然后进行目标选择、锁定、射击等活动
	模拟训练	利用模拟训练器进行各种作战操作的训练
指挥车	接收信息	指挥车接收上级情报系统的空情通报和自身目标指示雷达提供的目标数据
	信息处理	利用数据处理系统进行数据综合、威胁判断、坐标转换及目标分配等处理;利用表格和图形显示目标数据、目标分配数据、指挥车和炮车以及配套装备的状态数据、系统检测数据、作战区域的地形地貌、目标和炮车的运动位置、本连目标搜索区及火力范围等
	目标指示	由通信系统将目标分配数据传送给各炮车进行目标指示
	作战指挥	由上/下行通话电台、程控电话总机和车内通话器等组成指挥通话系统实施作战指挥
	行驶	利用指挥车底盘系统按指定要求实施开进、机动、转移、撤退等
	通话	包括与炮车和配套装备通话,以及车内成员间通话
	数据交换	实现与各自行火炮车之间的数据交换
	定位定向	由导航系统实施完成,提供航向角和车体姿态数据等
自行高炮	展开	将自行高炮展开至战斗状态
	撤收	将自行高炮从战斗状态撤收至行军状态
	跟踪目标	由电视摄像机、红外热像跟踪仪、电视跟踪器、稳定跟踪伺服系统及高炮随动系统实施半自动、自动跟踪
	火炮发射	在实施跟踪后,经过信息解算,给定提前量,在达到火炮射程范围后,炮手选择有利射击时机,踏动击发机构进行开火射击
	行驶	利用自行高炮底盘系统按指定要求实施开进、机动、转移、撤退等

2. 装备作战单元的组成结构分析

某型自行火炮武器系统的组成在前面已经做了说明。下面针对武器系统中各个装备的结构,给出它们的结构分解模型,如图 3 - 10 所示。

图 3 – 10 分解到了分系统的层次,对于各个分系统还可以进一步分解,直到分解到维修单元层次。

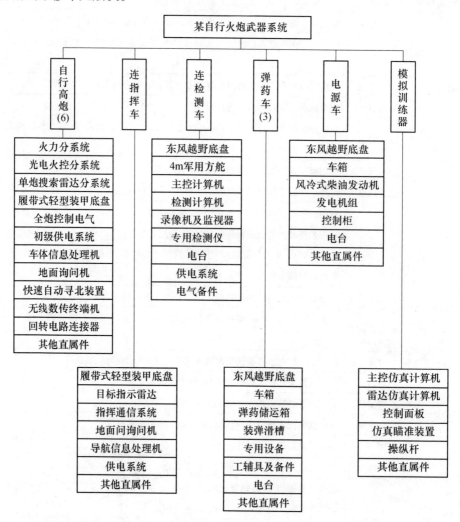

图 3 – 10　某型自行火炮武器系统结构分解

3. 功能组成模型描述实例

以某型自行火炮武器系统的行驶功能为例,利用前面给出的通用分解方法给出功能组成关系,如图 3 – 11(a)所示。这里只考虑武器系统中的指挥车和自行火炮车,此种情况比较符合阅兵时的实际情况。由于指挥车和自行火炮车底盘系统相同,这里一同给出了它的结构图,如图 3 – 11(b)所示。图 3 – 11(b)中只将底盘系统中的悬挂系统分解到了维修单元层次。实际上,可以将整个装备作战单元分解到维修单元层次。这样就建立了完整的武器系统"行驶"的功能组成关系模型。

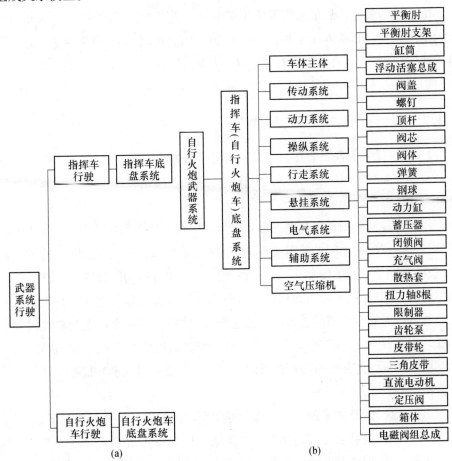

(a)   (b)

图 3 - 11   某型自行火炮武器系统"行驶"的功能组成关系模型

3.4   装备作战单元任务可靠性模型

3.4.1   任务可靠性模型的含义

任务可靠性模型反映的是在任务规定时间内和规定条件下完成规定任务的

能力。一般用任务可靠度作为任务可靠性的描述参数,结合保障对象维修的情况可以直接用仿真模型进行分析。对于任务可靠性的分析,只需要考虑在任务期间影响任务完成的故障引起的相应维修活动。

由上述的装备作战单元使用任务模型的分析可知,装备作战单元的使用任务包括复杂任务和基本任务两类。这两种任务条件下的任务可靠性分析方法有着本质的区别,下面将分别针对基本任务(单阶段任务)和复杂任务(多阶段任务)两种情况,提出相应的任务可靠性模型的建模方法。

3.4.2　任务可靠性模型的建模方法

1. 基本任务条件下的任务可靠性模型建模方法

在较为简单的基本任务条件下,任务可靠性模型也较为简单,可以准确地用任务可靠性框图表示出来。

任务可靠性框图是以框图的形式表示在规定的任务剖面中完成系统规定功能的各个功能单元之间的逻辑关系,这种逻辑关系有串联、并联、混联、冷储备系统、表决系统及它们的组合等。可靠性框图应与装备的功能框图、原理图、工程图相协调。原理图、工程图和功能框图分别表达装备各单元之间的物理关系与功能关系。可靠性框图以装备功能为基础,是将一个或一个以上的功能模式用方框表示,描述各组成部分的故障或它们的组合如何导致装备故障的逻辑图。

单个装备的任务可靠性框图反映的是单个装备的各主要功能系统之间的逻辑运作关系。

武器系统/武器体系的任务可靠性框图反映的是在特定任务背景下,武器系统/武器体系内各装备之间的功能逻辑关系。即装备作战单元使用任务分解为基本任务后,完成这些基本任务的武器系统/武器体系中的各装备和各装备的功能系统之间的功能逻辑关系。单个装备的任务可靠性框图是武器系统/武器体系的任务可靠性框图的基础。例如,18 台车中取 16 好时 n 中取 k 模型,它反映的是各装备的功能逻辑关系对武器系统/武器体系的影响方式。

任务可靠性框图根据任务要求,以装备功能为基础建立。对于复杂系统,通常可以分为多个层次,从上至下逐层建立可靠性框图体系。

不同复杂程度的装备,通常看作多层次系统,不同层次上的每个系统都由多个单元组成。任务可靠性模型表达的是单元可靠性与系统可靠性之间的逻辑关系。复杂系统的可靠性框图模型可看作简单系统可靠性框图模型组合而成。简单系统的可靠性框图模型的基本类型有串联系统模型、并联系统模型、$k/n(G)$模型、旁联系统模型等。

2. 复杂任务条件下的任务可靠性模型建模方法

在实际应用中,大多数是复杂任务。从装备作战单元使用任务模型的分析过程可知,复杂任务系统是多阶段任务系统,即在整个任务执行过程中包含一系列具有时间连续且不覆盖特点的任务阶段(基本任务),都可划分为一系列顺序执行的基本任务。因此,复杂任务条件下的任务可靠性的评价必须考虑在不同任务阶段系统配置、部件特性、任务可靠的标准等方面的变化情况,主要考虑不同任务阶段间的状态相关性。对复杂任务系统的任务可靠性研究已经取得了一些成果,如马尔可夫模型法(齐次马尔可夫模型和非奇次马尔可夫模型)、半马尔可夫模型法、蒙特卡罗仿真法、贝叶斯分析法、故障树法及它们的组合方法等。其中,蒙特卡罗仿真方法的应用最为广泛。考虑到所研究问题的复杂性,后面将重点介绍用蒙特卡罗仿真方法来解决复杂任务条件下的任务可靠性问题。

3.4.3　任务可靠性模型实例研究

下面结合"阅兵训练"任务的情况分别讨论给出基本任务条件下单个装备和武器系统的任务可靠性模型。

1. 单个装备任务可靠性模型

由前面分析可知,"阅兵训练"任务可以分解为"展开"和"行军"和"撤收"三个基本任务组成。以"阅兵训练"任务中使用的自行火炮为例分析单装的任务可靠性模型的建立。由前面给出的功能组成模型分析可知:"展开"和"撤收"与自行火炮的火控系统相关,而"行军"与自行火炮的底盘系统相关。根据任务要求,这里对底盘系统进行了简化,认为它主要由动力系统、传动系统、操纵系统和制动系统组成。由任务涉及的功能系统和任务要求中这些功能单元功能状态之间的逻辑关系可以看出,对于"行军"这一基本任务,自行高炮系统的任务可靠性框图是简单的串联结构,如图 3 – 12 所示。

图 3 – 12　自行高炮"行军"任务可靠性框图

2. 武器系统任务可靠性框图

武器系统的任务可靠性框图是以系统中各个单装的任务可靠性框图为基础的,根据任务的不同,武器系统的任务可靠性框图可能会存在 n 中取 k 系统可靠性框图、n 单元串联可靠性框图等多种形式。

下面以"阅兵训练"任务中要求 18 台自行高炮车保证 16 台能够正常参加"阅兵训练"任务为例,分析此任务中的武器系统的任务可靠性框图。

由任务的要求可以看出,它显然是"n 中取 k 表决系统",即 18 中取 16 表决系统。其任务可靠性框图如图 3 – 13 所示。图 3 – 13 中 1,2,…,18 分别表示自行高炮车数量。

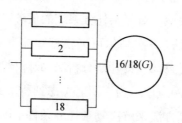

图 3 – 13   自行火炮武器系统任务可靠性框图

类似地,"阅兵训练"任务中要求 3 台指挥车保证 2 台能够正常参加"阅兵训练"这一任务的任务可靠性框图也是"n 中取 k 表决系统",区别在于它是 3 中取 2 表决系统。

3. 状态模型分析

装备作战单元状态模型是通过分析在特定任务要求下系统各功能单元之间的逻辑关系,给出系统的所有可能状态及在任务期间它们之间的转移关系、转移概率的大小等,在此基础上可以利用理论分析或仿真分析方法对系统在任务期间的各种特性做进一步的分析和研究。

状态转移模型的建立,必须依据保障对象的任务可靠性框图和保障系统的保障能力评估模型。任务可靠性框图建立了系统各功能单元之间的逻辑关系,通过分析,可以给出系统在任务期间所有可能的状态及其之间的转移关系。考虑可修系统,所有保障与维修的能力决定了状态之间转移的概率值的大小。因此,根据已经建立的保障对象任务可靠性框图模型,结合保障系统的保障能力评估模型,可以分析建立特定任务条件下的装备作战单元状态模型。

下面以 3 中取 2 系统为例,建立其状态模型。首先假设:

(1) 每一部件的故障是相互独立的;

(2) 故障部件立即送修;

(3) 部件一旦修复立即开始工作;

(4) 部件不停地工作直至发生故障;

(5) 不会出现多个部件同时发生状态变化。

设 A、B、C 是系统的单元。每个单元只有两个状态:A_1、B_1、C_1 为工作状态;A_2、B_2、C_2 为故障状态。A、B、C 状态的各种组合构成了系统的可行状态:

$$(A_1,B_1,C_1) \text{ 表示系统工作}$$
$$(A_1,B_1,C_2) \text{ 表示系统工作}$$
$$(A_1,B_2,C_1) \text{ 表示系统工作}$$
$$(A_1,B_2,C_2) \text{ 表示系统故障}$$
$$(A_2,B_1,C_1) \text{ 表示系统工作}$$
$$(A_2,B_1,C_2) \text{ 表示系统故障}$$
$$(A_2,B_2,C_1) \text{ 表示系统故障}$$
$$(A_2,B_2,C_2) \text{ 表示系统故障}$$

图 3 - 14 为 3 中取 2 系统的状态转移图。图 3 - 14 中没有给出多个部件同时发生变化的情况(已经假设这一发生概率忽略不计)。

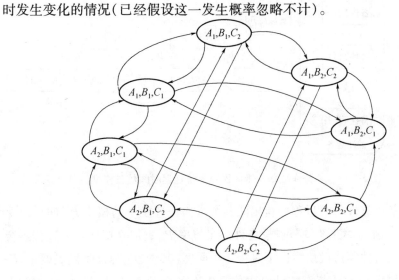

图 3 - 14　3 中取 2 系统的状态转移图

3.5 装备作战单元维修保障模型

装备作战单元维修保障模型通常要建立过程、资源、组织、功能与信息等一组模型。过程模型是对业务过程的一种规范的、细致的描述,通过定义各组成活动及其活动之间的逻辑关系来描述所研究的业务流程。资源模型主要描述资源的结构与组织,包括资源的分类、资源实体的属性以及资源的组合。其中,维修保障资源包括人力人员、供应保障、保障设备、技术资料、训练与训练保障等 8 类资源。组织模型主要描述组织单元与组织单元之间的关系。功能模型主要是通过对维修保障系统的目标或任务分解,来描述维修保障系统是通过哪些功能活动完成的。信息模型主要是收集功能模型、资源模型和组织模型中的信息的数据结构和关系,为过程模型服务。完整地描述装备作战单元维修保障系统模型相对比较困难,因此,从装备战备完好与任务持续性评估的角度出发,对维修保障系统模型做简化处理,用设备、备件和人员三种主要保障资源的等待时间表征其保障能力问题。在执行任务过程中,设备、备件、人员保障资源不能满足要求时就需要等待,由此可建立装备作战单元维修保障系统延迟时间仿真模型,如图 3-15 所示。

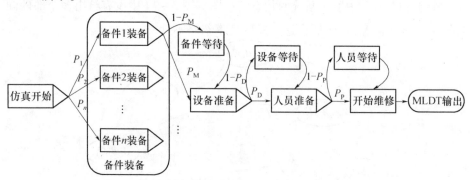

图 3-15 装备作战单元维修保障系统延迟时间仿真模型

根据装备可靠性仿真过程中得出的各个维修任务发生的概率 P_i,向维修保障系统提出申请。备件准备节点按备件满足概率 P_M 决定直接向下一过程进行申请或是进入备件等待模块。以下过程作用同理(其中,P_D 为设备满足概率;P_P 为人员满足概率),统计节点统计每次仿真中在各资源准备过程中的保障延迟时间及维修过程的维修间隔,经过多次仿真可以得出保障系统延迟时间(MLDT),以及各备件的需求量等信息。

3.6 装备作战单元战备完好与任务持续性模型

3.6.1 装备作战单元完好性与任务持续性参数

装备作战单元的完好性是装备作战单元在平时和战时使用条件下某一时刻或某一段时间内完成规定功能的能力。装备作战单元的战备完好性是装备作战单元在平时或战时使用条件下能随时开始执行预定任务的能力,它反映某一随机时刻可用的能力。从保障的角度出发:装备作战单元的完好性比战备完好性考虑的范围更广,概念更大,它考虑的是装备作战单元的全部的故障与维修;而战备完好性考虑的是与任务相关的故障与维修。装备作战单元的任务持续性是装备作战单元在规定的任务时间内能够连续执行作战与使用任务的能力,它反映的是一种持续的作战保障能力。正是由于它们在概念上的差别,在评价参数上也各不相同。

1. 装备作战单元完好性与战备完好性参数

装备作战单元的完好性参数主要由完好率度量,战备完好性参数主要由使用可用度和战备完好率度量等,其中使用可用度使用较为广泛。

装备作战单元的完好率是装备作战单元完好性的概率度量,是装备作战单元中能随时遂行使用与作战任务的装备完好数与实有数的比值,通常用百分数表示。它主要衡量装备作战单元的技术现状和管理水平,以及装备作战单元对作战、训练、执勤的可能保障程度装备作战单元的完好率为

$$装备作战单元的完好率 = \frac{装备作战单元中完好装备数}{装备作战单元中装备总数} \times 100\%$$

$$(3-1)$$

装备作战单元的使用可用度是装备作战单元当需要时能够正常工作的程度,是一种与能工作时间和不能工作时间有关的稳态可用度参数,它考虑固有可靠性、维修性及测试性、预防性维修和修复性维修,以及管理、使用和保障等因素的影响,能够真实反映外场使用环境下的可用性。A_o 为能工作时间与能工作时

间、不能工作时间之和的比。其中,不能工作时间不仅包括在装备使用过程中排除故障和预防性维修造成的装备不能工作时间,还要考虑供应保障及行政管理延误等因素导致的不能工作时间,即要考虑除装备改进时间外的一切不能工作时间,使用可用度为

$$A_\circ = \frac{能工作时间}{能工作时间 + 不能工作时间} = \frac{\mathrm{MTBM}}{\mathrm{MTBM} + \overline{D}} = \frac{\mathrm{MTBM}}{\mathrm{MTBM} + \mathrm{MLDT}}$$

$$(3-2)$$

式中:$\overline{D}$ 为平均不能工作时间(MLDT);是平均维修时间 $\overline{M}$、平均保障延误时间 $\overline{T}_{ld}$ 和平均管理延误时间 $\overline{T}_{ad}$ 之和;MTBM 为平均维修间隔时间,它是预防性维修与修复性维修两类维修合在一起计算的平均间隔时间。

从式(3-2)可以看出,使用可用度不仅与设计、维修制度有关,而且与装备的保障系统直接相关,并受保障体制、管理水平和人员素质等影响。

对于许多武器装备来说,可用度有时并不能充分描述其在任一时刻投入作战与使用任务的能力,采用战备完好率的概念更为准确。

战备完好率是装备作战单元的战备完好性的参数度量,它表示当要求装备作战单元投入作战(使用)时,装备作战单元能够执行任务的概率。在计算战备完好率时,必须考虑系统的使用和维修情况。当装备作战单元在执行任务前没有发生需要维修的故障,立即可投入作战或使用。或者,当装备作战单元在执行任务前发生需要维修的故障,但是其维修时间短于再次投入作战或使用所需的时间,有足够的时间进行修理以投入下一次作战或使用。在这种情况下,装备作战单元的战备完好率为

$$P_{or} = R(t) + Q(t) \times P(t_m < t_d) \qquad (3-3)$$

式中:$R(t)$ 为装备作战单元在执行任务前不发生故障的概率;$Q(t)$ 为装备作战单元在执行任务前的故障概率,$Q(t) = 1 - R(t)$;t 为任务持续时间(h);t_m 为装备作战单元的修理时间(h);t_d 为从发现故障到任务开始的时间(h);$P(t_m < t_d)$ 为装备作战单元的维修时间 t_m 不大于到下一项任务开始时间 t_d 的概率。

可用度和战备完好率在定义上比较相近,都是反映在任一时刻当任务需要时装备作战单元处于可工作状态的概率,差别是它们对可工作状态的考虑不同。在可用度模型中,只要装备作战单元处于维修状态就认为其不可用。而在战备

完好率模型中,即使装备作战单元因故障处于维修状态,只要其维修的时间在战备允许的范围内,不影响战备任务的完成,就不认为维修影响战备完好。

2. 装备作战单元任务持续性参数

通常意义上讲,作战或使用任务的成功是指装备作战单元不仅要"招之即来""来之能战",还要"战之能胜",这样才算成功完成了任务。我们研究的任务成功与通常意义上讲的作战或使用任务的成功不同:它主要从保障的角度出发,反映的是保障系统能否保障装备作战单元随时可用而且能够持续可用的问题,也就是"招之即来""来之能战"的问题,而不考虑装备作战单元自身是否有足够的能力实现作战和使用目标的问题。也就是说,只要达到前两种目标,就认为任务成功。反映装备作战单元的任务持续性的参数主要有任务可靠度、可信度和任务效能等。

1)任务可靠度

任务可靠度是装备作战单元在规定任务的过程中,执行其要求任务的各种关键功能的能力的概率度量。对于不维修系统,任务可靠度也可以表征装备作战单元的任务持续性。在基本任务条件下,任务可靠性模型可以用任务可靠性框图表示。任务可靠性框图中的逻辑关系有串联、并联、混联、冷储备系统、表决系统及它们的组合等。

2)可信度

可信性表示装备作战单元在任务开始时可用性给定的情况下,规定的任务剖面中的任一随机时刻,能够使用且能完成规定功能的能力。

可信性的度量称为可信度,其表达式为

$$D = R_M + (1 - R_M)M_0 \tag{3-4}$$

式中: R_M 为任务可靠度; M_0 为任务期间的维修度。

可信度表示任务开始时系统处于可用状态,且在任务结束时系统也为可用状态的概率。它只考虑了这一种情况,而没有考虑任务开始时系统不可用,但在任务期间经过修复,完成任务并且在任务结束时系统也为可用状态的情况。而在任务效能参数中则考虑到了两种情况。

从式(3-4)中不难看出,当任务期间不允许维修时, $D = R_M$。因此,当任务期间不允许维修时,任务可靠度与可信度相同,直接采用任务可靠度作为任务持续性的评价参数。

3）任务效能

GJB1364—1992《装备费用—效能分析》给出的效能定义是："在规定的条件下达到规定使用目标的能力。""规定条件"是指环境条件、人员条件、使用方式等。"某车辆在二级公路上,由一般水平的司机驾驶,载重 T 吨,持续行驶 M 千米"的条件下,其使用目标定为"以平均 X 千米/小时的速度行驶。"如果路面、司机条件或装载质量、持续里程改变,车辆的平均行驶速度必然发生变化。因此,对同一装备,在不同的条件下,达到规定使用目标的能力也会有所不同。

任务效能是指给定任务目标达到程度的概率度量,用于描述系统完成给定任务的能力。任务效能是任务开始时的可用性和任务持续期间的可信性的综合度量。任务效能必须量化并实现对任务目标实现程度的度量才有实际意义。也就是说,其能够定量地反映任务持续性问题。

根据任务持续性与通常意义上的作战任务成功在含义上的区别和联系,通过分析反映作战任务成功的系统效能,相应地也就能够对反映任务持续性的任务效能进行分析。因此,首先来看系统效能的概念和计算方法,在此基础上针对具体任务背景再进行任务效能分析和计算。

系统效能是指系统在规定条件下满足给定定量特征和服务要求的能力。它是系统可用性、可信性及固有能力的综合反映。系统效能为

$$E = f(\pmb{A}, \pmb{D}, \pmb{C}) \tag{3-5}$$

式中:$\pmb{A}$ 为系统的可用度矩阵,是在任务开始时装备各种状态概率的矩阵,$\pmb{A} = [a_1, a_2, \cdots, a_i, \cdots, a_n]$($a_i$ 为在某一随机任务开始的时刻,装备处于 i 状态的概率;n 为装备可能的状态数);$\pmb{D}$ 为系统的可信性矩阵;$\pmb{C}$ 为固有能力矩阵。

美国工业界武器系统效能委员会(WSEIAC)提出的系统效能的表达式为

$$E = \pmb{A} \cdot \pmb{D} \cdot \pmb{C} \tag{3-6}$$

针对具体的使用任务,考虑具有两种状态(工作和故障)的可修系统,系统在任务开始时和任务过程中只会有可用和不可用两种状态。只有系统处于可用状态时,才具有执行任务的能力。

任务效能反映的是给定任务目标达到程度,记为 M_E,它是在暂时不考虑系统自身是否具有完成任务目标能力的条件下分析任务能否得到执行的问题。如果系统处于可用的状态,就能够执行相应任务,即认为此时系统的执行任务能力

为 1。系统处于不可用状态时,认为其执行任务的能力为 0。此时,系统效能与任务效能可以等价起来,存在如下关系:

$$A = (A_o \quad 1 - A_o) \tag{3-7}$$

$$D = \begin{pmatrix} 1 - [(1 - R_M)(1 - M_0)] & (1 - R_M)(1 - M_0) \\ M_0 & 1 - M_0 \end{pmatrix} \tag{3-8}$$

$$C = \begin{pmatrix} 1 \\ 0 \end{pmatrix} \tag{3-9}$$

式中: A_o 为任务开始时刻的系统使用可用度; R_M 为任务可靠度; M_0 为任务期间的维修度。

由上述分析及式(3-5)~式(3-9)可得

$$\begin{aligned} M_E &= A \times D \times C \\ &= (A_o \quad 1 - A_o) \begin{pmatrix} 1 - [(1 - R_M)(1 - M_0)] & (1 - R_M)(1 - M_0) \\ M_0 & 1 - M_0 \end{pmatrix} \begin{pmatrix} 1 \\ 0 \end{pmatrix} \\ &= (A_o \quad 1 - A_o) \begin{pmatrix} R_M + (1 - R_M)M_0 \\ M_0 \end{pmatrix} \\ &= A_o [R_M + (1 - R_M)M_0] + (1 - A_o)M_0 \end{aligned} \tag{3-10}$$

式(3-10)中包含了两种情况: $A_o[R_M + (1 - R_M)M_0]$ 表示在任务开始时系统可用 A_o,任务结束时系统仍然可用的情况,显然 $R_M + (1 - R_M)M_0$ 即为可信度的概念; $(1 - A_o)M_0$ 表示在任务开始时系统不可用 $(1 - A_o)$,但在任务结束时系统可用的情况。

M_E 中的 A 和 D 都与特定任务下可靠性、维修性参数相关,是可靠性、维修性参数的综合反映。 M_E 与可靠性、维修性密切相关,是可靠性和维修性参数的函数。

3. 复杂任务下装备作战单元完好性与任务持续性参数分析

在前面所提出的装备作战单元的完好性参数与任务成功参数并不是针对要完成的特定类型的任务,对于各种任务都是适用的。无论是在基本任务,还是在复杂任务条件下,都可以用这些参数来描述装备作战单元的完好性与任务持续性,只是对于不同的情况,分析与处理方法有所不同。由于复杂任务和基本任务之间的内在关联性,两种任务条件下的参数分析方法有很大的相似性。换句话说,对复杂任务下的参数的分析在很大程度上可以借鉴基本任务下的相应分析方法。

对于复杂任务的情况,系统中各工作单元由于开始参与工作的时刻不同、工作时间长短不同以及连续或断续出现在各阶段任务中,呈现出不同时段间的相关性。其在多个任务阶段之间的时段延续相关性问题的存在,给这些参数的计算方法带来了一定的复杂性。

首先需要针对复杂任务条件下装备作战单元的完好性参数与任务成功参数在概念和计算方法上的演变进行具体的分析和说明;然后进行它们的分析与建模。

装备作战单元的完好性考虑的是装备作战单元的全部的故障与维修,与任务无关,所以复杂任务下的装备作战单元完好性参数的含义、分析方法与在基本任务下基本上是一致的。

对于装备作战单元的使用可用度,区别仅在于:对于基本任务来说,式(3-2)中的能工作时间和不能工作时间是装备作战单元在基本任务期间的能工作时间和不能工作时间;而对于复杂任务来说,式(3-2)中各参数则要考虑装备作战单元在整个复杂任务期间的能工作时间和不能工作时间,由于复杂任务的各个任务阶段的配置随着阶段任务目标的变化而发生改变,它们的分析和计算方法有所不同,比在基本任务情况下复杂一些。

对于装备作战单元的完好率,其含义并没有变化,只是执行任务的装备作战单元及其分析研究的背景发生了变化。

装备作战单元的任务持续性考虑的是在任务期间装备作战单元持续执行作战与使用任务的问题,因此复杂任务下的装备作战单元任务持续性参数的含义及分析与计算也会与基本任务下不同。由于整个复杂任务成功的含义是在规定的任务时间内,组成复杂任务的各基本任务阶段均顺利完成任务要求,因此对其做分析可借鉴基本任务下的方法。考虑到各基本任务间的相关性,复杂任务下的装备作战单元任务持续性参数的分析与计算更为复杂。

对于复杂任务下的任务可靠度问题,如果任务过程中有几个工作阶段,且每个阶段又有不同的环境条件,可分别对每一阶段建立任务可靠性模型,然后利用条件概率法将各阶段可靠性模型进行再综合,得到总的任务可靠性模型,即分阶段单独处理再综合。在实际工作中,这种分阶段建模再综合建模的策略常常是不便操作或略显粗糙。特别是当时段延续共用单元可靠性较低时,不精确处理时段模块间相关性的细节条件,将对可靠度综合计算精度产生较大影响。

对于相对简单的复杂任务,可采用通过对典型时变可靠性逻辑结构分析并推导包括串联模型、时段串并联模型(单元增添)、时段并串联模型(单元删减)和并连接力模型在内的四种模型的等效简化规则和可靠度综合的计算模型。在此基础上可以建立复杂任务系统可靠性框图等效化简的方法和数学建模方法。

由于实际的使用任务大多比较复杂,目前采用的复杂任务系统任务可靠度的分析方法主要有马尔可夫模型法、半马尔可夫模型法、蒙特卡罗仿真法、贝叶斯分析法、故障树法及它们的组合方法等。对于马尔可夫模型、故障树方法,当任务阶段数或系统的单元数很多时,都会遇到状态数急剧增加的问题,而PMS – BDD和SEA算法的适用范围较窄,仿真方法应用得较为广泛。

对应于复杂任务,其任务持续性参数中“可信度”和“任务效能”的概念与基本任务时并无差别。但由于复杂任务一般包含多个顺序执行的基本任务,“可信度”和“任务效能”的分析和计算比基本任务条件下的复杂得多。

从对复杂任务系统的分析出发,在给定合理假设的基础上,针对“可信度”和“任务效能”这两个任务持续性的综合评价参数,可以分别给出其理论计算方法和仿真分析。

3.6.2　基本任务下的装备作战单元完好性与任务持续性仿真概念模型

1. 仿真模型的分析与建立

1)装备作战单元完好性与任务持续性建模仿真的步骤

根据第 2 章中对面向装备作战单元的维修保障能力评估模型框架的分析可知,分析并建立基本任务下的装备作战单元完好性与任务持续性仿真模型,就必须要完成以下工作(图 3 – 16):

(1)装备作战单元分析。对所研究的装备作战单元在概念、内涵与外延、组成结构、功能等方面进行详尽的描述是进行下一步建模的基础。

(2)装备作战单元相关资料数据的收集。数据收集与分析工作是建模与仿真的基础,十分重要。设计技术资料、使用相关文档可以从设计方、厂家与装备机关获取,而装备作战单元的现场保障数据必须从装备的使用部队获得。对仿

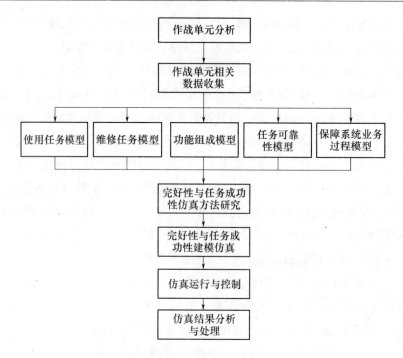

图 3-16　装备作战单元完好性与任务持续性建模仿真

真评估系统用户而言,数据的准确可信性、规范与完整最为重要。为解决这个问题,开发基于 PDA 的移动基层数据管理系统,通过让基层装备使用与保障人员按一定的内容和数据格式在维修保障现场采集第一手数据,定期上传至机关的数据服务器,以满足模型分析的需要。

(3)保障对象模型和保障系统模型的建立与分析。装备作战单元完好性与任务持续性建模仿真,必须要分析建立相应的保障对象模型和保障系统模型。这里将保障系统模型做简化处理,将其作为已知条件,用设备、备件和人员三种主要保障资源的满足率来表征其保障能力问题。对于不同层次的任务,都要进行各种保障对象模型的建模,只是不同任务层次(如基本任务和复杂任务),各种保障对象模型的研究内容和范围有所不同,需要进行具体分析。

(4)仿真方法研究与模型设计。为了对不同任务下的装备作战单元及其保障系统的活动进行仿真,尽可能重现装备作战单元执行训练、作战等任务的真实过程,需要针对研究目标确定的仿真方法和模型设计,据此选择基于随机染色 Petri 网的 ExSpect 软件来建立装备作战单元完好性与任务持续性仿真模型。

（5）仿真运行控制与结果分析。根据装备作战单元不同的完好性或任务持续性指标仿真的需要,在仿真运行中要进行控制,获取所需参数,并做相应的结果分析。

2）基本任务下的装备作战单元仿真

对某自行火炮装备作战单元和相应保障对象模型已经做过分析(见第 2 章和第 3 章的相关部分),在实例分析中将进行数据分析与处理的工作,这里仅以全部工作单元为串联关系的基本任务为例,建立基本任务下的装备作战单元仿真过程,如图 3 - 17 所示。

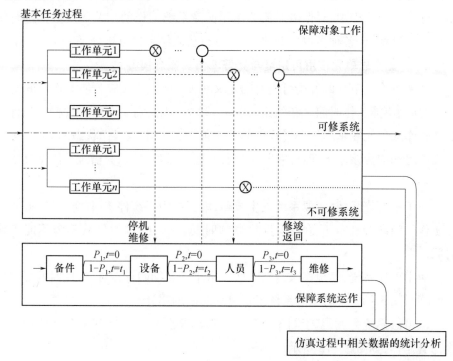

图 3 - 17　基本任务下的装备作战单元仿真过程

图 3 - 17 中:$\otimes$ 表示工作单元故障需要进行修理;$\bigcirc$ 表示表示工作单元故障修理完毕重新开始工作;—— 表示工作单元工作过程;……… 表示工作单元故障后的修理过程;------ 表示工作单元因其他工作单元故障导致的系统停机而停止工作的过程;P_1、P_2、P_3 分别为备件、设备和人员的满足率;t_1、t_2、t_3 分别为因备件、设备和人员的不满足而产生的等待时间。

　　基本任务过程中各工作单元之间的关系不仅有串联关系,还可能有并联、混联、n 中取 k 及它们的组合等。针对这些情况,我们建立了一个通用的模型并用 ExSpect 软件加以实现。它们之间的差别仅在于工作单元之间的工作关系不同,在后续对装备作战单元的完好性和战备完好性参数的模型分析方法上可以采取同样的方法。

　　仍以串联系统为例,在基本任务过程中,系统可能存在可修和不可修两种情况。对于可修系统,一旦工作单元故障,就会导致系统停机,同时对保障系统产生需求,使得保障系统开始运作,对故障单元进行维修,修竣返回后系统继续开始工作。在此过程中,对保障对象工作和保障系统运作的相关仿真数据进行统计分析,最后结合各种参数模型的要求,进行仿真结果的分析处理。

2. 装备作战单元使用可用度与完好率仿真概念模型

　　从装备作战单元的使用可用度的定义可知,其表达式应为能工作时间与能工作时间、不能工作时间之和的比(式(3 - 2))。因此需要在仿真过程中统计给出装备作战单元在基本任务过程中的处于能工作和不能工作状态的时间,考虑到二者之和应为该基本任务的任务时间,为已知条件,所以只需统计给出其中之一即可。

　　对于不可修系统,只要系统发生故障,就会导致系统停机,任务失败,此时的能工作时间即为任务开始到发生故障的时间,剩余的时间显然就为不能工作时间。

　　对于可修系统,情况稍微复杂一些。由于任务期间存在维修,此时的能工作时间即为图 3 - 17 中表示的系统工作过程时间的累计。

　　以可修系统为例,基于图 3 - 17 可以给出装备作战单元基本任务使用可用度仿真流程,如图 3 - 18 所示。

　　需要指出的是,图 3 - 18 中的维修过程模块实际上包含了维修等待的过程。进行多次仿真后,结合仿真过程中针对不同情况统计给出的数据,利用式(3 - 2)即可建立装备作战单元使用可用度的参数模型。在仿真过程中很容易根据装备作战单元中每一个装备相关工作单元的工作情况,结合它们之间的工作关系(串联、并联等),判断该装备是否完好。

3. 装备作战单元可信度及任务效能仿真概念模型

　　装备作战单元的可信性表示在任务开始时可用性给定的情况下,规定的任

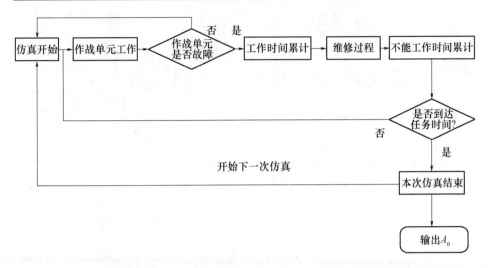

图 3 – 18　装备作战单元基本任务使用可用度仿真流程

务剖面中的任一随机时刻,能够使用且能完成规定功能的能力。结合基本任务过程的情况,装备作战单元的可信度实际上反映了基本任务开始时装备作战单元可用性给定时,能够完成基本任务的情况(该次基本任务成功完成的概率),即为该基本任务仿真结束时,任务成功的次数与总的仿真次数的比。

　　装备作战单元的任务效能如式(3 – 10)所示,可以看出它由两部分组成,反映了两种情况。其中 $A_o[R_M + (1 - R_M)M_0]$ 表示在任务开始时装备作战单元可用,任务结束时装备作战单元仍然可用的情况;而 $(1 - A_o)M_0$ 则表示在任务开始时装备作战单元不可用,但在任务结束时装备作战单元可用的情况。基于图 3 – 17 可以给出基本任务下的装备作战单元任务效能仿真流程,如图 3 – 19 所示。

　　仿真开始前,在仿真前端根据装备作战单元中基本任务涉及的功能系统的历史故障与维修记录,分析给出其可用度,即在该基本任务开始时刻装备作战单元可以工作的概率 P。仿真开始后,首先根据 P 确定的概率随机确定装备作战单元是开始执行任务,还是因不可用而进行维修。对于开始时不可用或任务开始后故障的情况,如装备作战单元可修,则进入维修过程模块,修复后继续工作;否则,直接判定基本任务失败,结束本次仿真。在任务过程中,仿真模型同时进行任务时间的控制,达到任务时间约束的要求时即中止本次仿真,进行任务量检查并转入下次仿真。经过多次仿真可以得到装备作战单元完成该基本任务的概

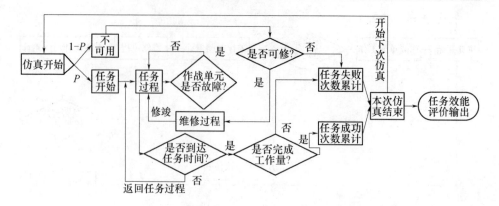

图 3-19　基本任务下的装备作战单元任务效能仿真流程

率,即装备作战单元的任务效能的仿真结果。

3.6.3　复杂任务下装备作战单元战备完好性与任务持续性模型

1. 假设

考虑到实际的装备系统多数属于可以修复的系统。而对于可修复的系统,如果系统寿命及维修时间都服从指数分布,常借助随机过程中的一类特殊过程——马尔可夫过程描述;否则,应当用更一般的非马尔可夫过程描述。这里只研究前者。首先给出对可修复系统做研究的一些假设:

(1) 在每个基本任务中,系统和部件只有正常和故障两种状态,如图 3-20 所示。

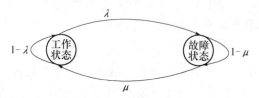

图 3-20　可修复的两状态系统状态转移

(2) 在每个基本任务中,各部件的寿命和维修时间均服从指数分布,即各部件的故障率 $\lambda(t)=\lambda_i$,修复率 $\mu(t)=\mu_i$。

(3) 状态转移可在任一时刻进行,但在相当小的时间区间 Δt 内,发生两次或两次以上故障或修复的概率为 0。

（4）部件的故障和修复是相互独立的。

（5）部件一经修好，如同新的一样。

（6）复杂任务中各个基本任务之间是顺序执行的关系，即复杂任务中只要有一个基本任务失败，后续任务将无法继续，造成整个任务无法完成，即任务失败。

（7）考虑各个基本任务的配置中的单元之间是串联关系（每个基本任务的配置中，只要有一个单元故障，即认为系统故障），这也符合大多数实际任务的情况。

2. 理论分析模型

考虑图 3-1 的思想和图 3-20 的状态转移关系，图 3-21 给出了复杂任务系统状态转移。该复杂任务由 n 个顺序执行的基本任务组成。图 3-21 中：1 表示系统处于工作状态；0 表示系统处于故障状态；c_i 为第 i 个基本任务成功完成的概率；h_i 为第 i 个基本任务结束后能够成功转换到第 $i+1$ 个基本任务开始的概率。c_i 和 h_i 既表示了各基本任务本身对整个复杂任务的影响，也考虑了基本任务之间的相关性影响。但是，从 c_i 和 h_i 的概念来看，二者的计算与系统各单元的可靠度、任务要求（包括任务时间、任务阶段的划分、任务成功与否的判断准则）、系统配置等都有关系，是比较复杂的。因此，在下面的分析中，从系统是否可用和可信的角度出发，考虑 c_i 和 h_i 的分析计算问题。

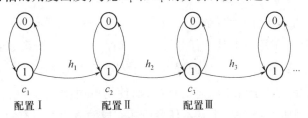

图 3-21　复杂任务系统状态转移

由上述分析可知，h_i 和 c_i 的计算有相当的复杂性，而从这两个参数的概念考虑，可用度 A 和可信度 D 恰好分别反映了 h_i、c_i 的含义，因此，采用可用度 A 和可信度 D 来作为 h_i、c_i 的计算值。下面以通用的复杂任务系统为例给出具体的含义和计算方法。针对复杂任务系统，分析其任务持续性参数的理论分析方法，如图 3-22 所示。

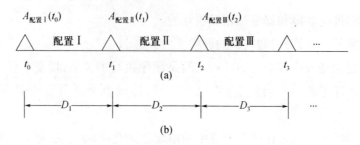

图 3-22 复杂任务系统任务持续性分析

（a）可信度；（b）可用度。

其中：$t_0,t_1,t_2,\cdots t_i,\cdots$为第$i$个基本任务的开始时刻；配置Ⅰ，配置Ⅱ，$\cdots$，配置$i$，$\cdots$表示第$i$个基本任务的系统配置；$D_1,D_2,D_3\cdots D_i,\cdots$为第$i$个基本任务期间，对应配置系统配置$i$的可信度；$A_{配置Ⅰ}(t_0)$，$A_{配置Ⅱ}(t_1)$，$\cdots$，$A_{配置i}(t_{i-1})$，$\cdots$为第$i$个基本任务的开始点$(t_0,t_1,t_2,\cdots t_i,\cdots)$的对应配置系统配置$i$的任务系统瞬时可用度。

$A_{配置i}(t_{i-1})$表示配置系统配置i（第i个任务系统）在第i个基本任务开始时是否可用，实际上是任务阶段（或基本任务）之间的转换成功概率，即图3-21中h_i的概念。c_i表示第i个基本任务成功完成的概率，在这里就体现为第i个基本任务期间，对应配置i的可信度D_i。

1）可信度模型

由上述分析可知，由于复杂任务包含多个顺序执行的基本任务，且各个基本任务的配置不同，在每一个基本任务开始时都存在一个转换系数h_i。它表示在上一个基本任务结束点，上一种配置可用的情况下，能够顺利地转换到该配置在该基本任务开始时处于可用状态的概率，而使用可用度$A_{配置i}(t_{i-1})$恰好反映了这种概率。D_i则反映了第i个基本任务成功完成的概率。只有每一个基本任务顺利完成并且顺利转换到下一个基本任务开始，复杂任务才能够完成，所以对于复杂任务，有

$$D = \prod_{i=1}^{n}\left[A_{配置i}(t_{i-1})\cdot D_i\right] \qquad (3-11)$$

式中：$A_{配置i}(t_{i-1})$为第i个基本任务的开始时刻t_{i-1}，对应于配置系统配置i的瞬时可用度，其中当$i=1$时，即任务开始时刻的$A_{配置i}(t_{i-1})=A_{配置Ⅰ}(t_0)$，表示任务开始时能够顺利转换到第1个基本任务配置系统配置Ⅰ可用的概率；D_i为第i

个基本任务期间,对应于配置系统配置 i 的可信度,对于可修系统,有

$$D_i = R_{iM} + (1 - R_{iM}) \cdot M_i \qquad (3-12)$$

显然,当任务期间不允许维修时, $M_i = 0$,此时有

$$D = R_{iM} \qquad (3-13)$$

其中: R_{iM} 为第 i 个基本任务对应的配置系统配置 i 的任务可靠度; M_i 为第 i 个基本任务期间配置系统配置 i 的维修度。

$A_{\text{配置}i}(t_{i-1})$ 为配置系统配置 i 在时刻 t_{i-1} 的瞬时可用度。考虑到配置系统的瞬时可用度不易于计算,一般可采用相应配置系统的稳态可用度近似代替瞬时可用度,式(3-11)变换为

$$D = \prod_{i=1}^{n} \left[A_{\text{配置}i} \cdot D_i \right] \qquad (3-14)$$

式中: $A_{\text{配置}i}$ 为第 i 个基本任务对应的配置系统配置 i 的稳态可用度; D_i 为第 i 个基本任务期间,对应于配置系统配置 i 的可信度。

由式(3-11)可得

$$D = \prod_{i=1}^{n} \left[A_{\text{配置}i} \cdot D_i \right] = \prod_{i=1}^{n} \left[A_{\text{配置}i} \cdot (R_{iM} + (1 - R_{iM}) \cdot M_i) \right] \qquad (3-15)$$

由上述假设条件可知,分别有以下表达式成立:

$$A_{\text{配置}i} = \left[1 + \sum_{j \in \text{配置}i} \frac{\lambda_j}{\mu_j} \right]^{-1} \qquad (3-16)$$

$$R_{iM} = e^{-\sum_{j \in \text{配置}i} \lambda_j t_{Ri}} \qquad (3-17)$$

$$M_i = 1 - e^{-\mu_S t_{Mi}} \qquad (3-18)$$

式中: μ_S 为配置系统 $A_{\text{配置}i}$ 的系统修复率,它与配置系统 $A_{\text{配置}i}$ 中各单元的修复率的关系为

$$\mu_S = \frac{1}{\text{MTTR}_S} = \left(\frac{\sum\limits_{j \in \text{配置}i} \text{MTTR}_j}{n_i} \right)^{-1} = \frac{n_i}{\sum\limits_{j \in \text{配置}i} \text{MTTR}_j} = \frac{n_i}{\sum\limits_{j \in \text{配置}i} \frac{1}{\mu_j}} \qquad (3-19)$$

式(3-16)~式(3-19)中: λ_j、 μ_j ($j \in$ 配置 i)分别为配置系统 $A_{\text{配置}i}$ 中的各单元的故障率和修复率; t_{Ri}、 t_{Mi} 分别表示第 i 个基本任务的工作时间和维修时间; n_i 为配置系统 $A_{\text{配置}i}$ 中单元的数量。

综合式(3-12)~式(3-19)可知

$$D = \prod_{i=1}^{n} \left\{ \left[1 + \sum_{j \in 配置i} \frac{\lambda_j}{\mu_j} \right]^{-1} \cdot \left[e^{-\sum_{j \in 配置i} \lambda_j t_{Ri}} + \left(1 - e^{-\sum_{j \in 配置i} \lambda_j t_{Ri}} \right) \cdot \left(1 - e^{-\sum_{j \in 配置i} \frac{1}{\mu_j} \cdot t_{Mi}} \right) \right] \right\}$$

$$(3-20)$$

利用式(3-20)就可以计算出整个复杂任务的可信度。

2) 任务效能模型

相应地,复杂任务的任务效能的计算公式也有一定的变化。因为对于必须完成前一项任务才能进行下一项任务的系统,一般可用下式计算其系统的任务效能,即

$$M_E = \prod_{i=1}^{n} M_{Ei} \qquad (3-21)$$

式中:M_{Ei} 为系统对第 i 个基本任务的任务效能,可用下式计算:

$$M_{Ei} = A(t_{i-1}) \cdot D_i \cdot C \qquad (3-22)$$

式中:$A(t_{i-1})$ 为复杂任务系统在时刻 t_{i-1} 的瞬时可用度;D_i 为第 i 个基本任务期间,对应于配置系统配置 i 的可信度;C 为系统的能力矩阵,$C = \begin{pmatrix} 1 \\ 0 \end{pmatrix}$。

同样地,考虑到系统的瞬时可用度不易于计算,所以采用系统的稳态可用度近似代替瞬时可用度,考虑到系统为两状态系统,故可用度矩阵

$$A = (A \quad 1 - A)$$

其中

$$A = \left[1 + \sum_{j \in 系统} \frac{\lambda_j}{\mu_j} \right]^{-1} \qquad (3-23)$$

式中:λ_j、μ_j 分别为整个复杂任务系统中的各单元的故障率和修复率。

D_i 可由式(3-12)计算。

这样,式(3-22)就变换为

$$M_{Ei} = A \cdot D_i \cdot C$$

$$= (A \quad 1 - A) \begin{pmatrix} 1 - [(1 - R_{iM})(1 - M_i)] & (1 - R_{iM})(1 - M_i) \\ M_i & 1 - M_i \end{pmatrix} \begin{pmatrix} 1 \\ 0 \end{pmatrix}$$

$$= (A \quad 1 - A) \begin{pmatrix} R_{iM} + (1 - R_{iM}) M_i \\ M_i \end{pmatrix}$$

$$= A[R_{iM} + (1 - R_{iM}) M_i] + (1 - A) M_i \qquad (3-24)$$

由式(3-22)和式(3-17)~式(3-19)、式(3-23)、式(3-24)可以得到系统对整个复杂任务的任务效能,即

$$M_E = \prod_{i=1}^{n} M_{Ei}$$

$$= \prod_{i=1}^{n} \left\{ \left[1 + \sum_{j \in \text{系统}} \frac{\lambda_j}{\mu_j} \right]^{-1} \cdot \left[e^{-\sum_{j \in \text{配置} i} \lambda_j t_{Ri}} + \left(1 - e^{-\sum_{j \in \text{配置} i} \lambda_j t_{Ri}} \right) \cdot \left(1 - e^{-\frac{n_i}{\sum_{j \in \text{配置} i} \frac{1}{\mu_j}} \cdot t_{Mi}} \right) \right] \right\} +$$

$$\prod_{i=1}^{n} \left\{ 1 - \left[1 + \sum_{j \in \text{系统}} \frac{\lambda_j}{\mu_j} \right]^{-1} \right\} \cdot \left[1 - e^{-\frac{n_i}{\sum_{j \in \text{配置} i} \frac{1}{\mu_j}} \cdot t_{Mi}} \right] \right\} \qquad (3-25)$$

3. 装备作战单元战备完好性与任务持续性仿真流程

对复杂任务下的装备作战单元完好性与任务持续性仿真,同样需要按照图3-16所示的步骤进行。每一个步骤上要进行的工作类似,只是相应的工作的内容上复杂一些。根据上述对完好性与任务持续性参数的计算方法分析过程,这里提供一种对其进行仿真分析的方法。前面已经分析了基本任务的完好性与任务持续性仿真过程和方法,这里的复杂任务的完好性与任务持续性仿真是基于基本任务的完好性与任务持续性仿真方法而提出的,如图3-23所示。

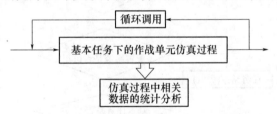

图 3-23　复杂任务的装备作战单元仿真过程

图3-23在循环调用基本任务下的装备作战单元仿真过程时,还需要判断上一个基本任务是否成功、能否顺利进行下一个基本任务等。仿真实现的基本思想:首先将复杂任务分解为若干个顺序执行的基本任务,利用基本任务的任务持续性参数仿真方法对每一个基本任务按照其执行的顺序运行仿真,并通过分析仿真过程中的统计节点信息及仿真输出文件的相应信息判断任务是否能够继续执行还是任务失败。具体判断方法:在第 i 个基本任务仿真结束点判断此基本任务是否成功,如果任务成功还要判断能否成功转换到第 $i+1$ 个基本任务开始(可通过第 $i+1$ 个基本任务系统在第 i 个基本任务结束点是否可用来判断);如果第 i 个基本任务成功完成且能够成功转换到第 $i+1$ 个基本任务开始,则继

续进行第 $i+1$ 个基本任务的仿真;否则,认为整个任务失败,如图 3 – 24 所示。运行多次仿真后,利用仿真运行中的统计数据,就可以进行相应参数的仿真分析。

这些基本任务的仿真过程包括任务成功与否及各基本任务之间能否顺利转换等问题的判定,需要通过 VBA(Visual Basic Application)开发相应程序进行管理。通过编制相应程序还可以实现整个任务成功参数的仿真输出。

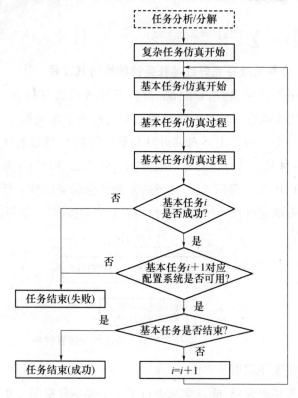

图 3 – 24　复杂任务仿真流程

4. 装备作战单元战备完好性与任务持续性仿真统计模型

1）复杂任务下装备作战单元使用可用度与完好率模型

装备作战单元复杂任务使用可用度仿真与基本任务下的使用可用度仿真不同之处在于复杂任务包含若干个顺序执行的基本任务。其仿真过程是对图 3 – 18 所示的装备作战单元基本任务使用可用度仿真过程的循环调用,只是在循环调用过程中考虑包括任务成功与否及各基本任务之间能否顺利转换等问题的判定。

如果在仿真过程中能够分别统计给出整个复杂任务的仿真过程中的每一个基本任务的能工作时间与不能工作时间,分别记为 T_{Yi} 和 T_{Ni} (i 为该复杂任务中基本任务的数量),则有

$$复杂任务下的装备作战单元使用可用度 = \frac{\sum_i T_{Yi}}{\sum_i (T_{Yi} + T_{Ni})} \quad (3-26)$$

复杂任务下装备作战单元的完好率的统计方法与基本任务条件下类似,即在仿真过程中根据装备作战单元中每一个装备相关工作单元的工作情况,结合它们之间的关系(串联、并联等),判断该装备是否完好,然后根据装备作战单元的完好率的含义,给出装备作战单元完好率的仿真结果。

2) 复杂任务下装备作战单元可信度及任务效能模型

利用图 3-24 所示的仿真流程统计计算出该复杂任务成功的次数与总的仿真次数的比,即为该复杂任务装备作战单元的可信性。利用仿真过程中的信息,可以建立表 3-12(表中数据为假设的数据,仅做示意)。

表 3-12　复杂任务系统仿真数据记录表

仿真次数	第1次	第2次	第3次	第4次	第5次	第6次	…
基本任务 1	1	1	1	1	1	1	…
基本任务 2	1	1	1	1	1	1	…
基本任务 3	1	1	0	1	1	1	…
基本任务 4	1	1	1	1	0	1	…
⋮	⋮	⋮	⋮	⋮	⋮	⋮	⋮
基本任务 n	0	1		1		1	…

表 3-12 中:第一列为基本任务列,对应每一个基本任务;第一行为仿真次数行,对应相应的仿真次数;中间数据记录的是各次仿真中每一个基本任务是否成功完成,1 表示该次仿真中该基本任务成功完成,0 表示该次仿真中该基本任务未能成功完成(导致整个复杂任务失败)。

复杂任务下装备作战单元任务效能的仿真流程如图 3-25 所示。它是通过对图 3-19 所示的基本任务下装备作战单元任务效能仿真过程的循环调用,来实现对复杂任务装备作战单元的任务效能的仿真分析。

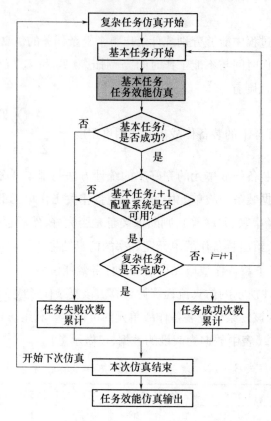

图 3-25　复杂任务下装备作战单元任务效能仿真流程

3.7　本章小结

本章依据装备作战单元维修保障能力评估模型体系,明确了装备作战单元使用任务模型、维修任务模型、功能组成模型、任务可靠性模型、维修保障模型以及战备完好与任务持续性模型的内涵,给出了具体的建模方法,并结合某型自行高炮作战单元实例建立了相应的模型,为装备作战单元维修保障能力分析评估奠定了理论基础。

第 4 章　基于 Petri 网装备作战
单元维修任务模型

4.1　基于基本可靠性的维修任务仿真模型

4.1.1　装备作战单元中的武器系统基本可靠性分析

GJB 451—90《可靠性维修性术语》中对可靠性的定义是:"产品在规定的条件下和规定的时间内完成规定功能的能力。"对应于减少用户费用和提高装备的作战效能两个不同目标,可以把可靠性分为基本可靠性和任务可靠性。

基本可靠性是指产品在规定的条件下无故障的持续时间或概率,它说明装备将经过多长时间发生故障,即需要维修的间隔时间。对于用户来说,只要装备有一个零部件发生故障,就需要进行维修。例如,炮身大面积的漆脱落,尽管不会直接影响火炮完成规定功能,但从防锈角度出发也要进行修理。

基本可靠性反映了系统对维修人力和后勤保障的要求。基本可靠性定义中的"规定条件"与寿命剖面相关,即从系统研制到退役时间内所经历的全部事件和环境的时序描述。基本可靠性设计寿命周期内考虑所有寿命单位和所有引起维修要求的故障,即使任务未受影响,但对维修保障提出了要求,即所有故障均应该考虑。对于装备作战单元的武器系统来说,其基本可靠性就要考虑其所辖的全部装备的所有单元的故障。

基本可靠性一般用平均故障间隔时间(MTBF)表示。它对应的时间包括设备任务时间在内的所有开机时间的累计,以及能完成规定功能和不能完成规定功能的所有开机时间。它对应的故障次数是全部的使用故障的次数。对于装备作战单元的武器系统来说,就是考虑所有装备的单元的开机时间累计和全部使用故障次数。

基本可靠性模型用来估计由于系统故障而引起的对维修和后勤保障的要

求。显然,组成系统的任何单元,包括储备单元发生故障后,都需要维修或更换。因此,系统中的一切功能单元组成了一个串联模型,不管装备是否有冗余或替代工作模式。对于装备作战单元的武器系统来说,其可靠性框图是全部装备所有单元的全串联模型,如图 4 – 1 所示。

图 4 – 1　装备作战单元中的武器系统的基本可靠性框图

在装备作战单元平时储备过程中,对装备的保障主要考虑保持其基本可靠性。在装备作战单元的训练演习或执行实战任务过程中的任务间歇时间,对装备的保障也要考虑其基本可靠性。因此,由装备的基本可靠性所产生的维修事件仿真也成为必要。

4.1.2　基于 Petri 网的基本可靠性维修事件仿真模型

由上述分析可知,装备作战单元的基本可靠性模型是装备作战单元中所有功能单元组成的全串联模型。这些功能单元包括组成系统的部分,以及用于储备的单元(在功能系统层次上考虑)。因此,可以从串联系统的分析入手构建装备作战单元基本可靠性仿真模型。

1. 串联系统分析

设系统 S 由 n 个单元组成,任何一单元发生故障均导致系统发生故障,或若使系统正常所有单元就必须正常,则称该系统 S 是 n 个单元的串联系统。串联系统可靠性框图如图 4 – 2 所示。

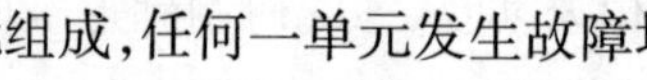

$$\circ - \boxed{1} - \boxed{2} - \cdots - \boxed{n} - \circ$$

图 4 – 2　串联系统可靠性框图

假设各单元的故障相互独立,每个单元的寿命为 T_i($i = 1, 2, \cdots, n$)。由串联系统的特点可知,系统寿命为

$$T = \min (T_1, T_2, \cdots, T_n) \tag{4 – 1}$$

每个单元的可靠度函数为

$$R_i(t) = P\{T_i > t\} \tag{4 – 2}$$

则系统的可靠度函数为

$$R_s(t) = P\{T > t\} = \prod_{i=1}^{n} R_i(t) \qquad (4-3)$$

当已知系统的第 i 个单元的故障率为 $\lambda_i(t)(i=1,2,\cdots,n)$ 时,则系统的故障率为

$$\lambda_s(t) = \sum_{i=1}^{n} \lambda_i(t) \qquad (4-4)$$

此时系统可靠度为

$$R_s(t) = e^{-\int_0^t \lambda_S(t)\,dt} \qquad (4-5)$$

当组成系统单元的寿命服从指数分布,即故障率 $\lambda_i(t) = \lambda_i(i=1,2,\cdots,n)$。由式(4-4)和式(4-5)可得

$$\lambda_s = \sum_{i=1}^{n} \lambda_i = 常数 \qquad (4-6)$$

$$R_s(t) = e^{-\int_0^t \lambda_s t\,dt} \qquad (4-7)$$

即所有单元寿命服从指数分布,则系统寿命也服从指数分布,且故障率等于各单元的故障率之和。这时系统的平均寿命为

$$\theta_s = \frac{1}{\lambda_s} = \frac{1}{\displaystyle\sum_{i=1}^{n} \lambda_i} \qquad (4-8)$$

2. 基于 Petri 网的串联系统仿真模型

用 Petri 网技术构建装备作战单元基本可靠性仿真模型的关键是用 Petri 网技术实现串联系统的仿真。串联系统分为可修串联系统和不可修串联系统,其区别是系统单元故障后是否可以修理。现以 n 个具有随机故障时间的单元(用 $1,2,\cdots,n$ 表示)组成的串联系统为例进行分析和建模。

1)不可修串联系统

不可修串联系统模型比较简单,如图 4-3 所示。n 个单元中任何一个故障即导致系统 S 故障,系统停机。在仿真中开始时,每个单元根据各自的故障参数,通过随机数发生器获得不同的随机故障时间,并按时间先后排列在随机事件表中。当仿真时间推进到随机事件表中最近时刻时,具有最近时刻的单元发生故障,此时系统故障停机,单次仿真结束。如果需要统计系

统寿命,则在每次仿真时记录系统停机时刻,并采用多次仿真取平均的方法统计并计算系统的平均故障间隔时间或系统寿命。如果需要统计系统可靠度,则可以在多次仿真中记录仿真总次数和系统无故障次数,两者相比即为系统的可靠度。

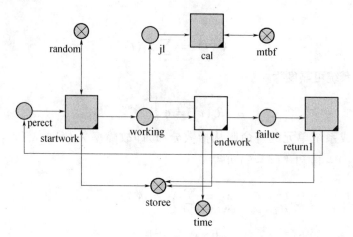

图 4-3　不可修串联系统的仿真模型

图 4-3 中:库所 perfect 中存储系统中各单元,并以托肯的形式表示;变迁 startwork 和 endwork 表示各单元工作的开始和故障结束;变迁 return 是仿真重置,在单次仿真结束后,通过数据的更新进行下一次仿真;cal 的功能是进行多次仿真数据的统计计算,以获得系统的 MTBF 值;统计库所 storee 记录系统中工作的单元个数,一旦工作单元数小于 n,则系统故障;统计库所 mtbf 记录最终的系统 MTBF 指标。

仿真开始时,库所 perfect 中的各单元(携带了各自的可靠性指标,主要是各单元的寿命)进入变迁 startwork,在这里通过随机库所 random,根据各自的可靠性指标,取得不同的随机故障时间,且统计库所 storee 中工作单元数增加,一直到 n 个。当仿真时刻推进到最近故障时刻时,此单元故障并进入变迁 endwork,同时统计库所 storee 中工作单元数减1,系统停机,库所 jl 记录停机时刻,单次仿真结束。而后,变迁 return 刷新仿真数据,重新开始下一次仿真。当仿真次数累计到要求次数时(如 1000 次),统计库所 mtbf 中的统计结果,即可作为系统的 MTBF 指标估算值。如若需要统计系统的可靠度,可以在模型中增加总次数统计库所和无故障次数统计库所,多次仿真后取比值即可(此时各单元的可靠性指标应该取各单元的可靠度),这里不再赘述。

2) 可修串联系统

可修串联模型是在不可修模型基础上增加了修理模块(图 4 - 4),即当某一单元故障时,系统故障,此时故障单元进入修理机构进行维修,当单元修竣后重新返回系统工作。

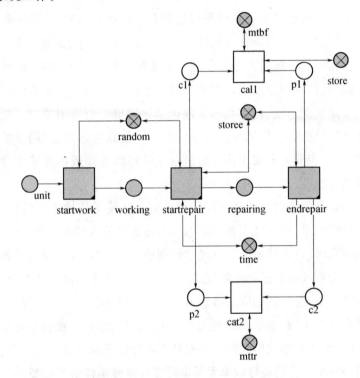

图 4 - 4　可修串联系统的仿真模型

图 4 - 4 中:变迁 startrepair 表示单元故障后工作的结束和维修的开始,且故障单元在这里根据自身的指标通过随机库所 random 获得修理时间延迟;变迁 endrepair 表示单元修理的结束,此时库所 storee 中工作单元数加 1。当系统中单元数达到 n 时,系统继续工作。变迁 cal1 和 cal2 分别是统计计算系统的 MTBF 和 MTTR,并将结果写入库所 mtbf 和 mttr。

与不可修系统相比,在可修系统中,当某单元故障导致系统停机时,故障单元就会进入变迁 startrepair 中获取修理时间延迟,当时刻推进到修理结束时刻时,故障单元修竣,进入变迁 endrepair,系统重新继续工作,并记录此时刻。如此反复循环,当系统仿真时间到达规定时间时(如 1000s),则可以取统计库所 MTBF 和 MTTR 中的数据作为系统的平均故障间隔时间和平均修理时间的估算值。

3. 装备作战单元基本可靠性维修事件仿真逻辑图

上面对一般串联系统的可靠性仿真模型进行了构建和分析,所建立的可修系统仿真模型和不可修系统仿真模型均是具有通用性的,即不论单元数目的多少,只要能够将其可靠性指标输入初始库所,就可以通过托肯的流动来实现动态模拟。装备作战单元一般是十分复杂的大型系统,随着现代装备系统性能的不断提高,装备的高技术含量和复杂程度也成倍增加。面对由众多不同性质的零部件组成的复杂大型系统,构建其可靠性模型显得更为繁杂困难。上面两个通用模型虽然可以解决装备作战单元的基本可靠性仿真问题,但是用于维修事件仿真,还需要进一步完善和通用化。这里首先给出装备作战单元基本可靠性维修事件仿真的逻辑图,如图 4－5 所示。

这里是具体到装备的功能系统层次讨论的。将装备作战单元的所有信息,包括各功能系统编号、可靠性参数和维修保障参数等输入基本可靠性仿真模型。基本可靠性仿真时,首先将输入信息经过整理后,生成装备作战单元的各个功能系统。每个功能系统按自己的故障规律运行,当其中一个功能系统发生故障时,整个系统故障停机,并生成相应的维修事件,进入维修保障系统。当故障功能系统修复重新投入工作后,整个系统进入工作状态。依此规律,在基本可靠性仿真模型中,最终产生装备作战单元的一系列基本可靠性维修事件。

4. 基于 Petri 网的装备作战单元基本可靠性维修事件仿真模型

基于上述思路,构建装备作战单元的基本可靠性维修事件仿真模型,如图 4－6所示。

图 4－6 中:库所 message 中存储装备作战单元的所有功能系统的信息,包括编号、可靠性参数和维修性参数等;库所 maintenevents 中存储仿真输出的故障功能系统的故障信息,形成相应的维修事件,包括故障功能系统的编号、基本信息、故障发生时刻、功能系统已工作的时间、要求修竣时刻等;变迁 split 和 resplit 实现了输入信息到各个功能系统的转换;变迁 startwork 和 endwork 实现了各个功能系统的工作和停机的模拟;模块 maintenance 是维修保障系统的仿真模型,

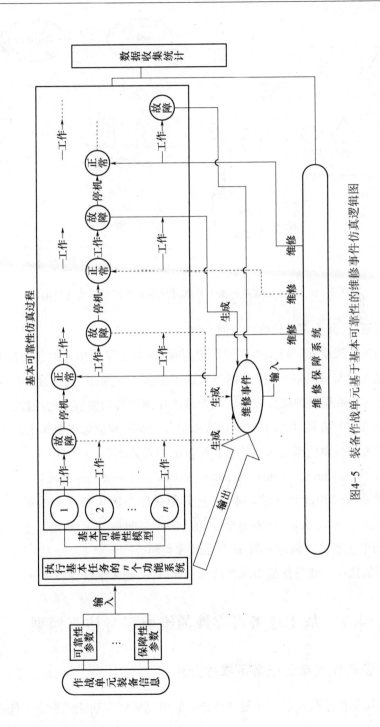

图4-5　装备作战单元基于基本可靠性的维修事件仿真逻辑图

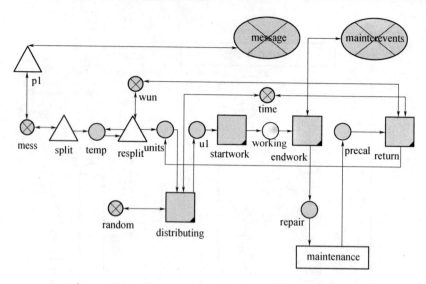

图 4 – 6　装备作战单元基于基本可靠性的维修事件仿真模型

这里将其封装,其内部结构将在后面介绍。

在装备作战单元进行基本可靠性仿真时,将装备作战单元的各功能系统的参数信息经过整理后,按一定数据格式输入模型。在模型中,通过变迁 split 和 resplit,将各行数据转换成代表每个功能系统并携带其相关信息的托肯,然后,通过获取随机数及仿真时间的推进,逐次模拟各功能系统故障以及整个系统故障,并输出相关的故障功能系统的信息。其数据形式如下:

$$[u: unit, n: num, w: real, s: real, e: real, m: bool]$$

其中:u 表示故障功能系统的基本信息,其形式即为输入数据中的每一行的元素;n 表示累计故障次数;w 表示单元的已工作时间;s 表示单元发生故障的时刻;e 表示单元要求的修竣时刻;m 表示故障判断。

这些信息作为装备作战单元的故障维修事件,输入维修保障系统。

4.2　基于任务可靠性的维修任务仿真模型

4.2.1　装备作战单元任务可靠性分析

任务可靠性是指产品在规定的任务剖面中完成规定功能的能力。任务剖面是装备在完成规定任务这段时间内所经历的事件和环境的时序描述,包括任务成功或致命故障的判断准则。例如,某自行火炮在"打靶"任务中有行军、展开、打靶、撤收、行军五个典型的任务剖面。

从可靠性的定义可以看出,基本可靠性是衡量设备在其整个寿命周期内的使用能力,仅是能与不能的区别。任务可靠性则是衡量设备在规定的任务时间内的使用效能,不仅是有能与不能的区别,而且有好与不好的区别。对飞机一类的航空器和一次性使用的导弹等在任务过程中不可维修的军用装备,一旦在任务期间出现致命性故障,就有可能结束该装备的生命。所以对这种航空类的军用装备,单纯地用基本可靠性来衡量其可靠性就欠妥当,而使用任务可靠性则更为准确。两者兼有,就能比较全面地反映设备的真实可靠性。例如,航天飞机的载人飞行:如果负责地面测量的跟踪雷达发生了致命性故障而不能完成正常的跟踪测量功能,那么雷达的可靠性记录中只是增加了一次致命性故障的计数;如果航天飞机发生了致命性故障不能完成正常的返回操作功能,也许会出现机毁人亡的悲剧,从而结束航天飞机的生命。单从这点而论,使用基本可靠性与任务可靠性表征军用装备的可靠性指标还是有很大区别的。尽管基本可靠性和任务可靠性都是描述设备可靠性的指标,但两者的出发基点和观察角度是不同的,因此需要进一步在基本可靠性的基础上研究装备的任务可靠度。

任务可靠性是由使用可靠性演变而来的,直接与使用有关,反映执行任务期间完成任务的能力,是武器装备作战效能的重要影响因素,可以作为度量装备作战效能指标的重要组成部分。与装备的基本可靠性直接影响维修保障费用相比,装备的任务可靠性直接影响装备系统的作战效能。

任务可靠性的指标一般用可靠度表示。装备的故障模式一般不止一种,任务可靠性只考虑影响装备完成规定功能的故障模式。任务可靠性所对应的任务时间,只局限于设备从任务开始到任务结束而且能够完成规定功能的时间。任务可靠性只需要记录特定任务时间内设备完成规定功能的好坏程度。任务可靠度针对任务期间不可维修的设备,因此其指标的高低反映了设备在执行任务期间是否能够正常发挥效能的概率。

任务可靠性模型是用来估计系统在执行任务过程中完成规定功能的能力。由于任务可靠性强调规定的任务剖面和完成任务的能力,因此,建立模型主要的问题是确定任务剖面。一个系统其基本可靠性框图是唯一的,而任务可靠性框图则因任务不同而变化,应当根据不同的任务和任务剖面,画出任务可靠性框图。例如,火炮在完成打靶任务时,其任务可靠性框图中包括火控、火力、雷达等功能系统,而在完成其他如行军任务时则不应包括它们。系统的基本可靠性模型是纯串联模型,而任务可靠性模型是由串联、并联、储备子系统等构成的混联模型,为确保任务的成功率,很多子系统都有储备单元。

对于装备作战单元来说,更多考虑其在执行作战或训练时的可靠性,即任务可靠性,它是表征装备作战单元性能指标的一个重要参数。装备作战单元的使用任务,由其各功能系统形成一定的任务可靠性模型共同执行完成。图4-7为某自行火炮打靶任务可靠性框图。

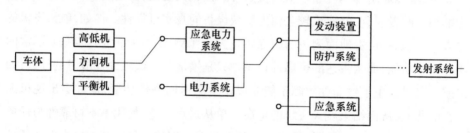

图4-7　某自行火炮打靶任务可靠性框图

4.2.2　基于 Petri 网的任务可靠性维修事件仿真模型

装备作战单元的基本可靠性模型是全串联模型,因此用串联系统的仿真模型可以解决基本可靠性的相关问题。然而,在装备作战单元任务可靠性模型中,各部件之间不再是简单的串联关系,而是包括多种可靠性关系,如并联、冷储备、表决甚至更为复杂的混联等可靠性关系。因此,构建装备作战单元的任务可靠性模型,首先需要构建各种可能的可靠性模型,通过调用这些模型,最终实现复杂的任务可靠性模型。

1. 四种基本的可靠性系统仿真模型

1)并联系统仿真模型

设系统 S 由 n 个单元组成,只要有一个单元正常系统将正常,只有当所有的单元都发生故障时系统才发生故障,则称系统 S 是 n 个单元的并联。并联系统可靠性框图如图4-8所示。

并联系统分为可修并联系统和不可修并联系统,其区别是系统单元故障后

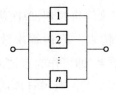

图 4-8　并联系统可靠性框图

是否允许修理。现以 n 个具有随机故障时间的单元(用 $1,2,\cdots,n$ 表示)组成的并联系统为例,建立其 Petri 网仿真模型。图 4-9 为不可修并联系统的仿真模型。

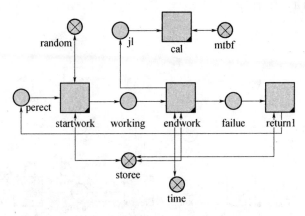

图 4-9　不可修并联系统的仿真模型

图 4-9 中:库所 perfect 存储系统中各单元以托肯的形式表示;变迁 startwork 和 endwork 表示各单元工作的开始和故障结束;变迁 return 是仿真重置,在单次仿真结束后,通过数据的更新进行下一次仿真;cal 的功能是进行多次仿真数据的统计计算,以获得系统的 MTBF 值;统计库所 storee 记录系统中工作的单元个数,一旦工作单元数小于 n,则系统故障;统计库所 mtbf 记录最终的系统 MTBF 指标。

仿真开始时,库所 perfect 中的各单元(携带了各自的可靠性指标,主要是各单元的寿命)进入变迁 startwork,在这里通过随机库所 random,根据各自的可靠性指标,取得不同的随机故障时间,且统计库所 storee 中工作单元数增加,一直到 n 个。当仿真时刻推进到最近故障时刻时,此单元故障并进入变迁 endwork,同时统计库所 storee 中工作单元数减 1。当统计库所 storee 中工作单元数目减

99

少到 0 时，系统停机，库所 j1 记录停机时刻，单次仿真结束。而后，变迁 return 刷新仿真数据，重新开始下一次仿真。当仿真次数累计到要求次数时（如 1000 次），统计库所 mtbf 中的统计结果，即可作为系统的 MTBF 指标。如若需要统计系统的可靠度，可以在模型中增加总次数统计库所和无故障次数统计库所，多次仿真后取比值即可（此时各单元的可靠性指标应该取各单元的可靠度），这里不再赘述。

可修并联系统模型是在不可修模型基础上增加了修理模块，即当某一单元故障时，故障单元进入修理机构进行维修，当单元修竣后重新返回系统工作，其仿真模型如图 4 - 10 所示。

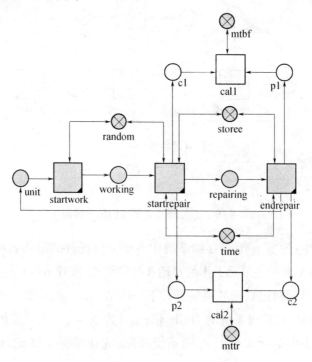

图 4 - 10   可修并联系统的仿真模型

图 4 - 10 中：变迁 startrepair 表示单元故障后工作的结束和维修的开始，且故障单元在这里根据自身的指标通过 random 获得修理时间延迟；变迁 endrepair 表示单元修理的结束，此时库所 storee 中工作单元数加 1，只要系统中工作单元数有 1 个，系统就可以正常工作，因此系统停机时刻为库所 storee 中单元数减少

到 0 的时刻,单元修竣后系统重新开始工作的时刻为库所 storee 中单元数由 0 变到 1 的时刻,这些时刻分别记录在 p1、p2、c1、c2 中,通过变迁 cal1 和 cal2 分别统计计算系统的 MTBF 和 MTTR,并将结果写入库所 mtbf 和 mttr。

与不可修并联系统相比,在可修并联系统中,当某单元故障导致系统停机时,故障单元就会进入变迁 startrepair 中获取修理时间延迟,当时刻推进到修理结束时刻时,故障单元修竣,进入变迁 endrepair,系统重新继续工作,并记录此时刻。如此反复循环,当系统仿真时间到达规定时间时(如 1000s),则可以取统计库所 MTBF 和 MTTR 中的数据作为系统的平均故障间隔时间和平均修理时间。

2) 冷储备系统仿真模型

储备系统也称储备冗余系统或冗余系统,它是把若干单元作为备件,且可以代替工作中失效的单元工作,以提高系统可靠度。冷储备是指单元在储备过程中不失效,储备期的长短对单元的工作寿命没有影响。例如,在好的防锈措施的情况下,机械零部件或机械产品在储备期间可以看作冷储备。工作单元发生故障后,转换开关就启动一个储备单元代替工作。转换开关是否可靠工作,也将影响储备系统的可靠度。因此,根据转换开关是否可靠,又可以分为转换开关完全可靠和不可靠两类。这里讨论转换开关可靠的冷储备系统。

系统 S 由 $n+1$ 个单元组成,其中一个单元工作,其他 n 个单元都做冷储备。当工作单元失效后,一个储备单元代替工作,这样逐个替换,直到 $n+1$ 个单元都失效时,系统才失效。并且假定,在用冷储备单元代替失效的工作单元时,转换开关不会失效。这样的系统称为转换开关可靠的冷储备系统或理想的冷储备系统。转换开关可靠的冷储备系统的可靠性框图如图 4-11 所示。

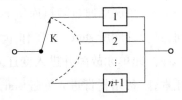

图 4-11   转换开关可靠的冷储备系统可靠性框图(K 为转换开关)

冷储备模型的各单元也存在可修理以及不可修理两种情形。这里只对可修情形进行分析,并建立其 Petri 网仿真模型,如图 4-12 所示。

图 4-12 中:库所 unit 中存储系统中初始工作单元,库所 beiyong 中存储备

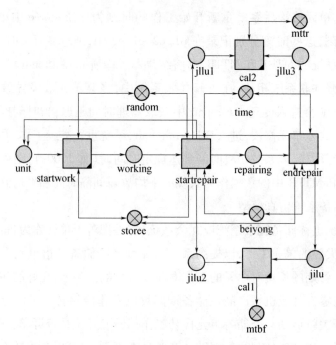

图 4-12　可修冷储备系统仿真模型（转换开关可靠）

用的单元,并均以托肯的形式表示;变迁 startwork 表示各单元工作的开始,变迁 startrepair 表示单元故障后工作的结束和维修的开始,变迁 endrepair 表示单元修理的结束;cal1、cal2 的功能是进行多次仿真数据的统计计算,以获得系统的 MT-BF 值及 MTTR 值;统计库所 storee 记录系统中工作的单元个数。

　　仿真开始时,库所 unit 中的单元(携带了其自身的可靠性指标,主要是单元的寿命参数)进入变迁 startwork,在这里通过随机库所 random,根据自身的可靠性指标,取得随机故障时间,且统计库所 storee 中工作单元数增加为 1 个。当仿真时刻推进到随机故障时刻时,此单元故障并进入变迁 endwork,同时如果备用库所 beiyong 中存在备用托肯,则备用托肯进入变迁 startwork 开始工作,备用托肯数减少 1 个。故障单元进入变迁 startrepair 进行修理,在这里根据自身的指标通过随机库所 random 获得修理时间延迟,修理结束后通过变迁 endrepair 返回到备用库所中,以便替换。此时备用库所 beiyong 中工作单元数加 1。如此循环,当统计库所 storee 中工作单元数为 0(工作单元故障),且备用库所 beiyong 中单元数也减少为 0 时(所有备用件均处于修理状态),系统停机,库所 jllu1、jilu2 记录停机时刻。当任何一个单元修理完毕返回工作时,系统可以继续开始工作,库所 jllu3、jilu4 记录系统重新工作时刻。根据记录数据,通过变迁 cal1 和 cal2 分别统计计算系统的 MTBF 和 MTTR,并将结果写入库所 mtbf 和 mttr 中。

3) 表决系统仿真模型

表决系统也是一种冗余系统,这里以 n 中取 k 系统为例进行分析建模。n 中取 k 系统也称 $k/n(G)$ 系统。设系统 S 由 n 个单元构成,若有 k 个或 k 个以上的单元正常时,系统才正常,则此系统称为 $k/n(G)$ 系统。其系统可靠性框图如图 4 – 13 所示。

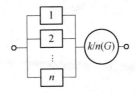

图 4 – 13　n 中取 k 系统可靠性框图

串联系统和并联系统均是 n 中取 k 系统中 k 分别取 1 和 n 的特例。因此其仿真模型可以从串联或并联系统入手,且只要建立了 n 中取 k 系统的仿真模型,则就可以通过 k 分别取 1 或 n 来表示串联或并联系统模型。图 4 – 14 是 n 中取 k 系统的仿真模型(可修理)。

图 4 – 14 中,库所 unit 中存储系统中各初始工作单元,并均以托肯的形式表示;变迁 startwork 表示各单元工作的开始,变迁 startrepair 表示单元故障后工作的结束和维修的开始,变迁 endrepair 表示单元修理的结束;cal1、cal2 的功能是进行多次仿真数据的统计计算,以获得系统的 MTBF 值及 MTTR 值;统计库所 storee 记录系统中工作的单元个数。

仿真开始时,库所 unit 中的各单元(携带了其自身的可靠性指标,主要是单元的寿命参数)进入变迁 startwork,在这里通过随机库所 random,根据自身的可靠性指标,取得不同的随机故障时间,且统计库所 storee 中工作单元数增加 1 个。当仿真时刻推进到最近随机故障时刻时,此单元故障并进入变迁 endwork,且库所 storee 中工作单元数减 1。故障单元进入变迁 startrepair 进行修理,在这里根据自身的指标通过随机库所 random 获得修理时间延迟,修理结束后通过变迁 endrepair 返回到工作中。一旦统计库所 storee 中工作单元数为小于 k 时,系

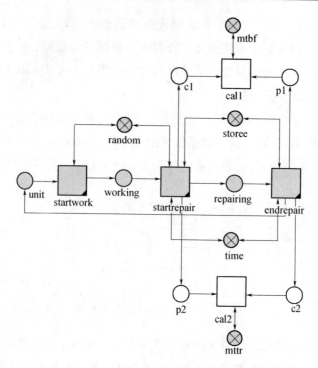

图4-14 *n*中取*k*系统仿真模型(可修理)

统停机,库所jllu1、jilu2记录停机时刻。当任何一个单元修理完毕返回工作,统计库所storee中工作单元数从 $k-1$ 变为 k 时,系统则可以继续开始工作,库所jllu3、jilu4记录系统重新工作时刻。根据记录数据,通过变迁cal1和cal2分别统计计算系统的MTBF和MTTR,并将结果写入库所mtbf和mttr中。

4)混联系统和复杂系统仿真模型

实际问题中的系统并不是简单的串联、并联或旁联等系统。先串联后并联,或先并联再串联,或时而并联时而串联,没有一定规律的系统称为混联系统。不能用上述任何简单系统解决的系统或复杂难描述系统,称为复杂系统。这两种系统的数学分析相当繁琐,因此仿真方法更能凸显其优势。这里给出先并联后串联的混联系统仿真模型,如图4-15所示。

可以看出,混联系统仿真模型,是利用前面所建立的并联和串联等基本模型,并通过数据的传递来实现各个模型的连接统一而成的。对于复杂系统而言,需要根据其具体系统结构分层逐次建立模型。

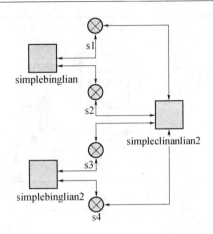

图 4 – 15　先并联后串联的混联系统仿真模型

2. 装备作战单元任务可靠性维修事件仿真逻辑图

上面分别建立了串联、并联、混联、冷储备、表决等较为简单的可靠性系统的仿真模型。装备作战单元各组成部分之间的可靠性关系及其遂行复杂任务时各功能系统之间形成的任务可靠性关系一般是十分复杂的,但都不外乎几种基本的可靠性关系的组合。因此,装备作战单元的任务可靠性的 Petri 网仿真模型的构建,可以上述建立的模型为基础,通过适当的改进以及组合调用来完成。基于第 2 章对装备作战单元的复杂作战任务的详细分解分析,首先给出装备作战单元任务可靠性维修事件仿真的逻辑图,如图 4 – 16 所示。

图 4 – 16 中,上面部分是装备作战单元各阶段仿真的逻辑关系。装备作战单元信息(包括装备本身的可靠性信息、维修保障信息和使用任务的信息)输入仿真模型后,首先进行信息的初始化,生成符合仿真模型要求的数据格式,然后顺次输入各基本任务阶段进行仿真。在基本任务开始仿真时,首先根据任务信息判断此任务阶段是否可以顺利开始(转换概率的判断。对于第一个任务阶段来说,判断整个任务开始时装备作战单元是否可用):如果转换概率满足,则此基本任务开始仿真;否则,整个任务失败。在此基本任务结束后,判断其成功与否:如果失败则整个任务失败,准备下一次仿真。如果成功,则判断是否最后一个阶段任务:若是最后阶段,则整个任务成功,准备下一次仿真;若不是最后阶段,则准备下一基本任务的仿真。整个过程实际上是对基本任务阶段仿真的调用。

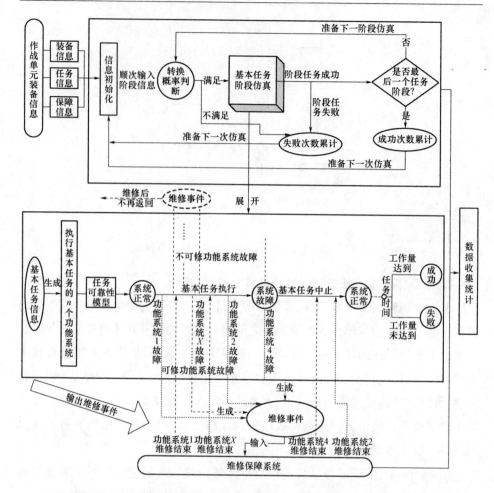

图 4 - 16　装备作战单元基于任务可靠性的维修事件仿真逻辑图

　　图 4 - 16 中下面部分是基本任务阶段仿真的展开。基本任务信息输入模型后,首先根据信息生成若干个完成该基本任务的功能系统,这些功能系统是按照一定的可靠性关系共同执行基本任务的。这些可靠性关系可能是并联、串联和混联等多种形式,所以在基本任务的仿真中就用到了上述建立的各种可靠性关系模型。当某一个功能系统故障后,根据信息:如果这个功能系统可以维修,则生成的维修事件进入维修保障系统,修复后返回基本任务;如果这个功能系统不可修,则生成的维修事件不会再修复返回。各功能系统的故障可能最终导致基本任务的中止,而各功能系统的修复可能使基本任务继续开始执行。这个过程

106

中的任何时刻,一旦任务时间达到,基本任务终止,根据工作量判断其成功性。这样,在这个过程中,最终产生装备作战单元的一系列任务可靠性维修事件。

3. 基于 Petri 网装备作战单元任务可靠性维修事件仿真模型

基于图 4-16,下面构建装备作战单元的任务可靠性维修事件仿真模型。对应于图 4-16,本节也分两层构建模型,即各阶段之间的连接仿真和每个基本任务阶段的仿真。这里值得说明的是:在基本任务构建过程中,为了问题的简化,假定基本任务分为允许维修(可修)和不允许维修(不可修)两种,前者的所有功能系统都可以修理,而后者的所有功能系统都不能修理。这样,在基本任务阶段,构建了可修系统仿真模型和不可修系统仿真模型。

1)装备作战单元任务可靠性维修事件仿真模型——上级模型

对应于图 4-16 的上面部分,构建装备作战单元任务可靠性维修事件仿真的上级模型,实现对各阶段之间连接的仿真,如图 4-17 所示。

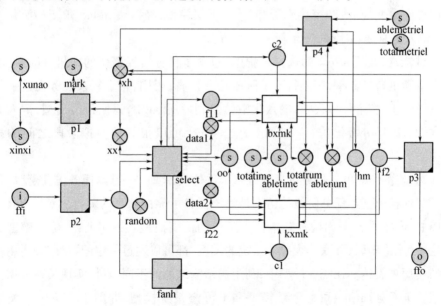

图 4-17　装备作战单元基于任务可靠性的维修事件仿真模型(上级模型)

图 4-17 中:模块 kxmk 和 bxmk 分别代表可修系统和不可修系统;变迁 p1 和 p2 对输入的原始数据进行处理;变迁 select 实现对使用任务信息的分解和选择可修或不可修模块,并判断转换概率满足与否;变迁 p3 实现对是否最后任务

阶段的判断；变迁 fanh 实现阶段任务失败或整个任务成功后数据返回，触发下一次仿真的开始。

仿真开始后，变迁 p1 和 p2 对输入的原始数据进行备份，输入到库所 xh 和 xx 中，作为本层的数据源。变迁 select 对 xx 中的数据按段依次进行相应选择（顺次选择代表每个基本任务的信息），生成相应的基本任务阶段的初始数据，并根据库所 xh 中阶段是否可修的标志，输入可修系统模块 kxmk 或不可修系统模块 bxmk，实现对某个基本任务阶段的模拟。输入模块 kxmk 或模块 bxmk 中的某一基本任务阶段的仿真结束后：如果此基本任务成功完成，则输出成功标志信息到库所 f2，并经变迁 fanh，输入到库所 f1 中，触发变迁 select 进行下一基本任务阶段信息的选择；如果此基本任务失败，则输出失败信息到库所 oo 中，并通过库所 oo 返回顶层模型，经模块 restart 重新初始化仿真，并记入仿真失败次数。如此循环，如果所有的基本任务都顺利完成，则整个复杂任务成功完成，输出成功信息通过变迁 p3 和衔接库所 ffo 传回顶层模型，经模块 restart 重新初始化仿真，记入仿真成功次数，开始新一轮的仿真。

另外，在变迁 select 的选择过程中，包含了任务转换概率的随机判断：如果随机值满足转换概率，则进行下一阶段任务仿真；否则，整个复杂任务在这一任务阶段停止，整个任务失败，输入失败信息到库所 oo 中，返回顶层模型，记入失败次数，重新初始化仿真。由此，变迁 select 可以很好地模拟阶段之间的相关性。

2）装备作战单元任务可靠性维修事件仿真模型——基本任务仿真模型

实现各个基本任务阶段的仿真是整个任务可靠性仿真的关键。对应于图 4－16 的下面部分，下面构建基本任务阶段的仿真模型。事实上，在仿真模型的构建中，无论串联、并联和表决等系统的模型，都可以通过一定的调整，最终用统一的模型来表达。在统一模型中，利用初始输入值的不同，具体实现某种可靠性关系。下面分别给出可修系统模型和不可修系统模型，即图 4－17 中的模块 kxmk 和 bxmk。

（1）可修系统模块 kxmk。图 4－18 为基本任务阶段允许维修时的仿真模型，即可修系统模型。

图 4－18 中：变迁 distributing 实现各单元随机寿命时间的计算；变迁 startwork 和 endwork 分别代表各单元工作的开始与结束；变迁 statistic 进行任务成功与否的

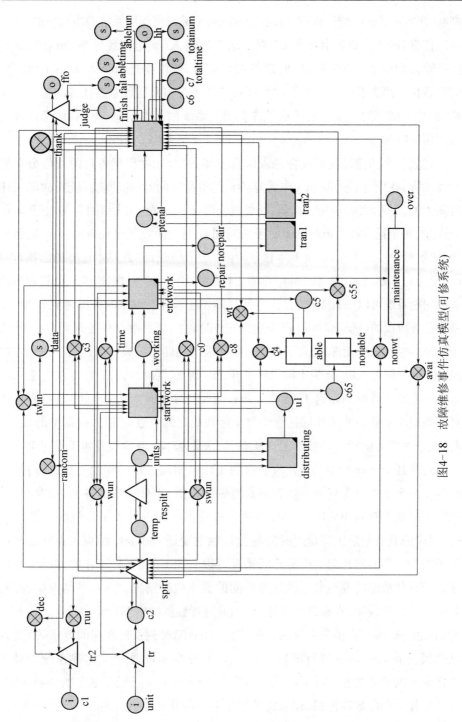

图 4-18　故障维修事件事件仿真模型 (可修系统)

109

判断,并实现数据的统计处理;模块 maintenance 是维修保障系统的仿真模型。

仿真开始时,首先由 tr 与 tr2 对上级模块输入(通过衔接库所 data)的基本任务阶段的信息数据进行处理,选择有用信息,经由变迁 split 与 resplit 将这些信息转化分离为若干个托肯。这些托肯代表了参与此阶段基本任务的各个功能系统,托肯携带的数据分别标示了各个功能系统的基本信息、类别、数量以及进入工作的时间等。

代表各个功能系统的托肯进入仿真主体,每个托肯根据各自的故障分布类型和参数,在变迁 distributing 中计算各自的寿命时间 t_1,即功能系统无故障工作时间为 t_1,写入库所 u1 中。接着,托肯进入变迁 startwork 开始工作。在变迁 startwork 中,每个托肯将 distributing 赋予的时间 t_1 与此阶段规定任务时间 t_2 进行比较:如果时钟推进到 t_1 时,此基本任务阶段的已仿真时间(此基本任务的已执行时间,记为 t)不超过 t_2,则将时间 t_1 作为工作延迟时间赋予托肯,这表示此托肯所代表的功能系统可以一直工作,直到自然故障发生;否则,如果时钟推进到 t_1 时,此基本任务阶段的已仿真时间 t 已经达到任务时间 t_2,则将剩余任务时间 $t_2 - t$ 作为工作延迟时间赋予托肯,这表示此托肯所代表的功能系统只可以连续工作到本阶段任务截止时刻 $c + t_2$(c 为本阶段任务开始时刻)。同时,每有一托肯在变迁 startwork 中获得工作时间延迟,统计库所 store 开始更新本时刻系统中处于工作状态的托肯类型及个数 x;当工作的托肯个数 x 达到规定的个数 k(输入数据中的规定)时,此基本任务阶段开始处于工作状态,记录此基本任务阶段开始工作时刻。

在变迁 startwork 中的各托肯获取的工作时间延迟按时间的先后进行排序,产生了一个事件发生列表。随着仿真时钟的推进,事件表中的各托肯相应自身的时刻触发变迁 endwork。例如,当仿真时钟推进到事件表中最近的仿真时刻时,对应的具有最短工作延迟时间的托肯触发变迁 endwork,结束工作状态。由赋予托肯工作时间延迟的两种不同情况可以看出,导致托肯工作状态结束有功能系统自然故障的发生和阶段任务时间的截止两种情况。后一种情况中,托肯其实并未发生故障,直接进入变迁 statistic 进行数据的整理计算和统计。在前一种情况中,故障托肯携带自身的各种信息(如故障时刻及修理时间要求等)进入维修模块 maintenance 进行维修。同时,统计库所 store 更新本时刻系统中处于工作状态的托肯类型及个数。当工作的托肯个数 x 一旦低于规定的个数 k 时,此基本任务阶段故障停机,记录此基本任务阶段开始停机时刻。

进入维修模块 maintenance 的故障托肯经过一系列的资源申请获取各种保障要素,进入修理状态。结束托肯修理状态的情况也分为功能系统的修好返回工作和阶段任务时间的截止两种。在后一种情况中,托肯并未修竣,只是迫于任务时间的到达而退出修理系统(只是仿真情况),进入变迁 statistic 进行数据的整理计算和统计,同时未修竣托肯存储到库所 c6。在前一种情况中,故障托肯修竣,通过变迁 statistic,也分为两种情况:第一种情况,修竣托肯存储到库所 c7 (c7 存储修理完毕的托肯),这时是因为基本任务规定的任务时间 t_2 刚好到达,或者是虽然 t_2 没有达到,但基本任务规定的工作时间(广义的工作量,记为 t_3)已经完成,基本任务无须再继续执行(例如行军时已经到达目的地,但时间期限还没有到达);第二种情况,修竣托肯再次投入使用,这时基本任务规定的工作时间 t_3 和任务时间 t_2 均没有到达,基本任务需要继续进行。

各功能系统按照以上的运行机理循环运行,使基本任务或停机或工作。而一旦任务时间 t_2 或工作时间 t_3 到达,则各功能系统停止运行,在变迁 statistic 中进行基本阶段任务成功或失败的判断:如果基本任务成功,输出成功信息到衔接库所 finish,传回上级模块,经过判断,或进行下一阶段仿真,或重新初始化新一轮仿真;如果基本任务失败,则输出失败信息到衔接库所 fail,传上级模块,重新初始化新一轮仿真。

在这个复杂的过程中,仿真产生的故障单元信息输出到库所 repair 中。每个故障功能系统携带了本身的编号、故障分布和维修分布等一系列参数,以及其所从属的装备编号和总数等。同时,在仿真过程中,故障的功能系统还会获得有关的故障信息,如故障发生时刻、功能系统已经工作时间以及功能系统的修复时间限制等。在这些输出信息中,分析出有用的信息,例如:

〈 |2,4.05,0.278,0.230| 〉

其中,每一行代表一个故障功能系统。以第一组数据为例,2 代表发生故障功能系统的编号,4.05 代表功能系统连续工作的时间,0.278 代表功能系统故障的发生时刻,0.30 是故障功能系统的维修时限,即如果要完成阶段任务,功能系统需要在时刻 0.30 前维修完毕。

这些信息作为装备作战单元的任务可靠性故障维修事件,输入维修保障系统。

(2)不可修系统模块 bxmk。图 4-19 为基本任务阶段不允许维修时的仿真模型,即不可修系统模型。

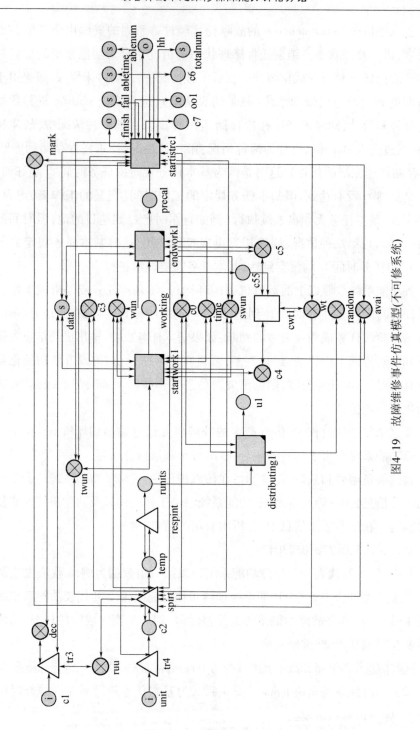

图4-19 故障维修事件仿真模型(不可修系统)

不可修系统仿真原理与可修系统是相似的,只是没有故障后修理问题,所以模型较为简单。类似于可修模型,代表每个功能系统的托肯仍在变迁 distributing 中获取各自的寿命时间 t_1,在变迁 startwork 中,每个托肯把 t_1 与此阶段规定任务时间 t_2 进行比较,获取各自的工作时间延迟。各延迟时刻生成事件列表,在仿真推进下,顺次发生,从而基本任务工作或停机。最后,在变迁 statistic 中实现数据统计和成功性判断的功能,输入上级模型。由单元故障生成的维修事件不再进入修理模块,而是直接存储在库所 $c7$ 中,其数据形式类似于可修系统,不再赘述。

3）restart 模块

在上述各阶段间的连接模型和基本任务的模型中,当整个任务失败或成功完成时,都需要进行数据的初始化,以进行下一次仿真。这里需要另外一个模型来实现数据初始化功能,即模块 restart。它的作用是:根据模块 uniform 所传出的整个复杂任务成功与否的信息,初始化仿真数据,进行下一轮仿真,如图 4 - 20 所示。

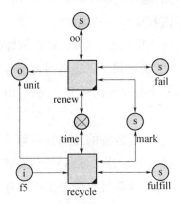

图 4 - 20　restart 模块

图 4 - 20 中:变迁 renew 是根据失败任务的信息,初始化仿真数据进行下一轮仿真,并更新失败次数;变迁 recycle 是根据成功任务的信息,初始化仿真数据进行下一轮仿真,并更新成功次数。

综上可以看出,层次结构化的仿真模型设计保证了仿真模型结构的清晰。整个装备作战单元任务可靠性维修事件仿真模型的核心,在于可修系统模型 kxmk 和不可修系统模型 bxmk 实现了某个基本任务阶段的仿真。在整个维修事件的仿真过程中,包括了各种数据的收集和统计。利用这些数据,可以通过装备作战单元战备完好任务持续性评估,来实现对维修事件仿真模型的验证。

4.3 预防性维修任务仿真模型

在装备作战单元执行任务前和执行任务过程中,都需要对各装备进行预防性维修,以提高装备的可靠性,进而提高装备作战单元的使用效能。因此,装备作战单元在遂行复杂使用任务时,输出到维修保障系统的维修事件不只是故障维修事件,还包括由于装备的预防性维修而带来的预防性维修事件。因此,需要构建相应的仿真模型。

4.3.1 装备作战单元预防性维修分析和仿真数据选取

以可靠性为中心的维修(RCM),是指按照以最少的维修资源消耗保持装备固有可靠性和安全性的原则,应用逻辑决断的方法,确定装备预防性维修要求的过程。进行 RCM 分析,应该收集产品的构成信息、故障信息、维修保障信息和相似产品信息等。其步骤包括重要功能产品的确定、故障模式影响分析、预防性工作类型的确定、维修间隔期的确定和维修级别的建议等。其中,应用逻辑决断图确定预防性维修工作类型是十分重要的环节。因此,RCM 的分析过程实际上是带有很强的主观性的。

RCM 分析的最终结果是产生装备的预防性维修大纲。装备的预防性维修大纲是装备的预防性维修要求的汇总文件,一般包括需要进行预防性维修的产品和项目、需维修项目要实施的预防性维修工作类型及工作的简要说明、各项预防性维修工作的间隔期和实施每项预防性维修工作的维修级别。因此,每个装备的预防性维修大纲汇总表可以看作该装备的预防性维修事件列表。某火炮反后坐装置中的复进机预防性维修大纲汇总表见表 4 - 1。

表 4 - 1 火炮反后坐装置中的复进机预防性维修大纲汇总表(简例)

产品代码	产品名称	工作区域	工作通道	维修工作说明	维修间隔期	维修级别	维修工时
0323	复进机内筒			检测内筒的锈蚀	8 年	基地级	
				检测内筒的划伤	8 年	基地级	
0324	复进杆			擦拭复进杆与紧塞器的接触部	1 个月	基层级	

装备的预防性维修工作和装备的自然故障之间存在一定的逻辑关系。具体来讲:如果装备某单元的自然故障先于预防性维修工作而发生,则并不影响该单元按计划进行的预防性维修工作;如果装备某单元的预防性维修工作在单元的寿命期间内进行,则对单元进行预防性结束后,该单元修复如新,即其已经工作的寿命时间不记入总时间,该单元以一个新品的形式重新取得寿命分布开始工作。因此:装备的自然故障的发生并不影响装备的预防性维修工作的按计划进行;而装备的预防性维修,使该装备各单元修复如新,以新品形式继续工作。装备的预防性维修实际上是提高了装备的性能,从而提高了装备作战单元的作战效能,其逻辑关系如图 4 - 21 所示。

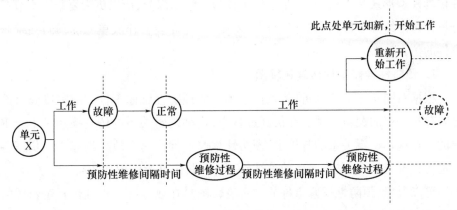

图 4 - 21　装备预防性维修与自然故障的逻辑关系

从上述逻辑关系可以看出,装备作战单元预防性维修事件的仿真需要结合其故障维修事件仿真,从而共同产生包括故障维修事件和预防性维修事件的所有维修事件。

进行预防性维修事件首先需要对装备预防性维修大纲进行分析,选取关键的输入数据。由表 4 - 1 可以看出,装备的预防性维修大纲包括产品代码、产品名称、工作区域、工作通道、维修工作说明、维修间隔期、维修级别和维修工时等多种信息。在预防性维修仿真中,只要知道需要预防性维修的单元编号和其维修间隔期,就可以与可靠性仿真相结合,确定该单元的故障维修或预防性维修事件的产生。同时,由于装备作战单元任务可靠性仿真模型中是以功能单元为基础的,因此,从预防性维修大纲中选取维修单元信息时,除其关键信息单元编号和维修间隔期,还应该标志单元所属的功能系统。或者在预防性维修大纲中,以功能系统为单位,选择其相关单元的预防性维修工作,与功能系统的故障参数一起输入仿真模型,经过仿真,共同产生功能系统的或故障维修事件或预防性维修事件。

4.3.2 基于 Petri 网的预防性维修事件仿真模型

由上述分析可知,装备作战单元的预防性维修事件仿真需要与故障维修事件仿真相结合,即在可靠性仿真模型的基础上考虑相应的预防性维修工作。因此,装备作战单元的预防性维修事件仿真模型和装备作战单元的修复性维修事件仿真模型形式是类似的,只是增加了预防性维修部分,所以更为复杂。本节在分析预防性维修事件仿真逻辑结构的基础上,建立装备作战单元的预防性维修事件的仿真模型。

1. 预防性维修事件仿真逻辑图

根据对图 4 - 21 的分析,装备作战单元的预防性维修事件和故障维修事件之间存在一定的逻辑关系。在仿真过程中,这种逻辑关系的仿真描述是十分重要的。在这种逻辑关系的基础上,预防性维修事件仿真和故障维修事件仿真各自进行且有机结合,最终产生两种维修事件。其仿真逻辑图如图 4 - 22 所示。

可以看出,预防性维修事件的仿真逻辑图是在故障维修事件仿真逻辑图的基础上,在基本任务仿真过程中考虑每个功能系统的若干个预防性维修工作而得到的。其层次结构和故障维修事件相似,不同之处有:①在装备作战单元数据输入时,还需要输入相关的预防性维修的信息;②在基本任务阶段考虑了故障与预防性维修的逻辑关系,这种关系已经在前面说明,不再赘述;③在功能系统不可修理时,预防性维修工作的实施与否,与环境条件、预防性维修工作的类型和功能系统的属性等,都存在着一定的关系。在功能系统不可修时,事实上是假设不进行预防性维修的,因此这部分与可靠性仿真是完全相同的。

在这整个过程中,最终产生装备作战单元的一系列包括预防性和修复性的维修事件。

2. 预防性维修事件仿真模型

基于图 3 - 22 所示的仿真逻辑图,构建装备作战单元预防性维修事件仿真模型。由上述分析,装备作战单元预防性维修仿真其实是在装备作战单元任务

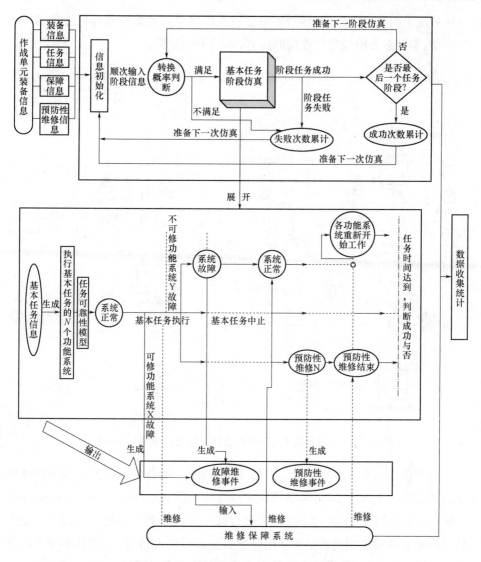

图 4-22　预防性维修事件仿真逻辑图

可靠性仿真中考虑了装备的预防性维修,因此其仿真模型也是在装备作战单元任务可靠性仿真模型的基础上添加各功能系统的预防性维修信息得到的。这样,模型的层次和形式都与装备作战单元任务可靠性仿真模型是类似的。因此,只分析有关预防性维修的部分以及故障与预防性维修的逻辑关系部分。

1) 装备作战单元预防性维修事件仿真模型——上级模型

对应于图 4 - 22 的上面部分,构建装备作战单元预防性维修事件仿真的上级模型,实现对各阶段之间连接的仿真,如图 4 - 23 所示。

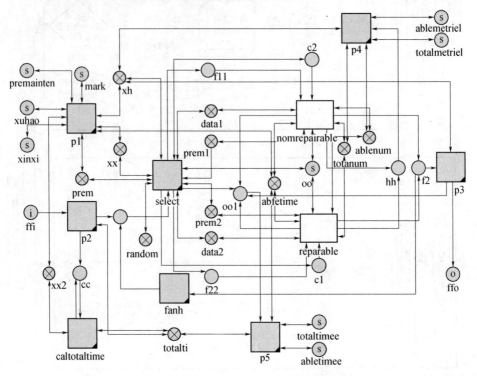

图 4 - 23   装备作战单元预防性维修事件仿真模型(上级模型)

与装备作战单元故障维修事件仿真模型相比:装备作战单元的预防性维修仿真模型增加了库所 prem 来备份预防性维修信息,模块 repairable 和 nonrepairable 分别对应模块 kxmk 和 bxmk,代表可修系统模型和不可修系统模型。整个仿真模型实现的功能仍然是对使用任务信息的分解和选择,判断转换概率满足与否,并按顺序进行基本任务的仿真。其运行机理与故障维修事件相同。

2) 装备作战单元预防性维修事件仿真模型——基本任务模型

相应地,实现各个基本任务阶段的仿真是整个预防性维修事件仿真的关键。对应于图 4 - 22 的下面部分,构建了基本任务阶段为可修时的仿真模型(因为不可修的情况与可靠性相同,不存在预防性维修)。类似于故障仿真,这里仍然可以用统一的模型,通过输入不同的初始值,具体实现某种可靠性关系。图 4 - 24 是基本任务阶段允许维修时的仿真模型,即可修系统模型。

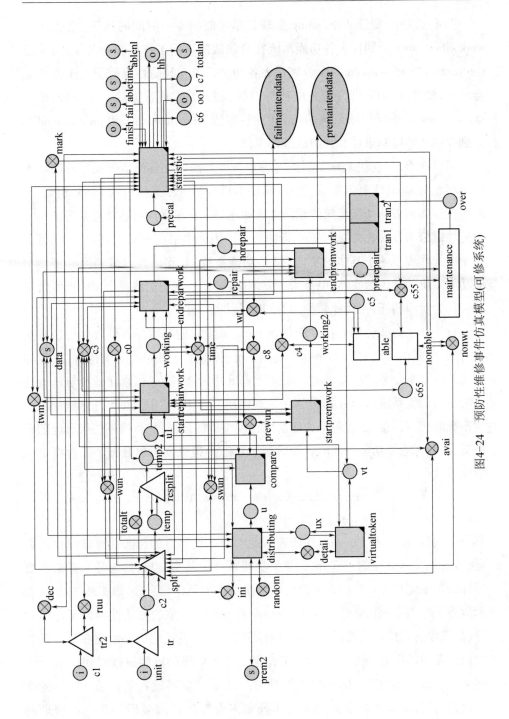

图4-24　预防性维修模型(可修系统)

图 4 - 24 中：变迁 distributing 实现各单元随机寿命时间的计算；变迁 start-work 和 endwork 分别代表各功能系统在自然故障下的工作的开始与结束；变迁 startpremwork 和 endpremwork 分别代表各功能系统在预防性维修下的工作开始与结束；变迁 statistic 进行任务成功与否的判断，并实现数据的统计处理；模块 maintenance 是维修保障系统的仿真模型，库所 failmaintendata 和 premaintendata 分别存储故障维修事件和预防性维修事件。

可以看出，与模块 kxmk 相比，考虑预防性维修的装备作战单元可修的基本任务模型 repairable 更为错综复杂。其基本机理与可修系统模块 kxmk 相似，不同点在于如何表达功能系统的预防性维修项目。这里采用将各功能系统的每个预防性维修项目转化为"虚拟"托肯的方法。因为本书所建立的模型中，运行的每个托肯代表了一个具体的实体（某个功能系统）。预防性维修项目并不是类似功能系统的具体的实体，但是为了方便描述，在模型中仍将每个预防性维修项目转化为对应的托肯，因此暂称为"虚拟"托肯。

首先，tr 与 tr2 分别对由二级模块 uniform 输入的基本任务阶段的信息数据进行处理，经由变迁 split 与 resplit 将这些信息转化分离为若干个托肯，代表参与此阶段基本任务的功能系统。在变迁 split 中分解托肯时，累计了参与基本任务的总的功能系统的个数 n，分别记录在库所 total 和 ini 中。每个托肯携带了功能系统的相关信息，随着各个功能系统在模型中的运作，托肯携带的信息也随着更新，全程标志着功能系统的各个时刻的状态并记录其历史数据。托肯携带的数据格式如下：

[id: num, idx: num, ru: runit, pm: $detail, ty: num, pmi: detail, n: num, w: real, s: real, e: real, m: bool]

其中：id 表示功能系统的编号；idx 表示此功能系统包含的预防性维修项目的数量；ru 表示输入数据的一部分，记录了功能系统的基本信息，如编号和寿命参数等；pm 表示此功能系统包含的预防性维修工作的具体信息；ty 取 1 或 2，分别表示故障维修工作和预防性维修工作；pmi 表示正在实施的预防性维修工作的信息，如果没有实施预防性维修工作，则标记为{}；n 表示此功能系统在整个任务中已经参与的次数；w 表示功能系统在某一活动阶段的已经执行时间；s 表示功能系统在某一活动阶段的开始执行时刻；e 表示功能系统在某一活动阶段的终止执行时间；m 表示功能系统是否工作到寿命时间或故障后是否完成修理的标志。

从图 4 - 24 中看出,托肯在模型中的运行有功能系统故障发生的线路以及对功能系统进行预防性维修的线路。前者运行机理与可靠性模型相似,只是受预防性维修的约束和信息控制。着重分析后者的运行机理及两者间的逻辑关系。

代表各个功能系统的托肯进入仿真主体,每个托肯根据各自的故障分布类型和参数,在变迁 distributing 中计算各自无故障工作时间 t_1,写入库所 u1;同时统计每个托肯所包括的小于任务时间 t_2 的预防性维修工作的数量,以及各预防性维修工作的具体信息,分别写入库所 detail 和库所 uk,通过变迁 vitualtoken 中,把此托肯的这些信息,转化为若干个代表此功能系统预防性工作的"虚拟"托肯(携带了维修间隔期及维修工时等参数),并写入库所 vt。

库所 u1 和 vt 中的数据中所包含的每个托肯的故障事件与预防性维修事件的发生时刻,事实上在仿真时间轴上形成一系列事件列表。随着仿真时钟的推进,选择最近时间点依次发生。变迁 compare 体现了这一过程。在这里经过比较,选出列表中的最近时间值,也即最近事件发生点,判断最近事件发生点所归属的托肯,并判断是故障事件还是预防性维修事件:如果是故障维修事件,则此托肯进入变迁 startrepairwork,沿故障事件发生线路,进行可靠性的仿真;如果是预防性维修事件,则此托肯进入变迁 startpremwork 中,沿预防性维修线路,进行预防性维修的仿真。

仿真时间轴上的列表是不断变化的:如果某托肯的故障事件先于其所有的预防性维修事件,那么故障的发生并不影响时间轴上的预防性维修事件的发生;如果某托肯的某个预防性维修事件先于其故障发生,那么预防性维修期间,托肯不会发生故障,且其故障时间在预防性维修工作结束后,将重新在变迁 distributing 中计算无故障工作时间 t_1,以预防性维修结束时刻 t 为始点,排在时间轴 $t + t_1$ 的时刻位置。

故障事件发生线路上的托肯,在无故障工作时间结束点,通过变迁 endrepairwork,输出故障托肯到库所 failmaintendata 中,其数据类型为

    [id: num,worktype: num, w: real, s: real, e: real]

其中:id 代表故障功能系统的编号;worktype 数值为 1 表示故障维修;w、s、e 分别表示功能系统无故障工作时间、功能系统的故障发生时刻和要求修理结束时刻。

这与可靠性仿真是类似的。库所 failmaintendata 中的故障信息作为装备作战单元故障维修事件输入维修保障系统。

预防性维修线路上的托肯,在预防性维修发生点,通过变迁 endpremwork,输出预防性维修信息到库所 premaintendata,其数据类型如下:

[id: num, idd: num, worktype: num, w: real, s: real, e: real]

其中:id 表示需要进行预防性维修的功能系统的编号;idd 表示对功能系统进行预防性维修的具体项目的编号;worktype 数值为 2 代表预防性维修;w、s、e 分别表示功能系统连续工作的时间、预防性维修的开始时刻和要求结束时刻。这些信息作为装备作战单元预防性维修事件输入维修保障系统。

4.4　本章小结

本章通过分析仿真逻辑,分别构建了装备作战单元基于基本可靠性、基于任务可靠性和预防性维修的 Petri 网仿真模型。这些模型所产生的维修事件,作为维修保障系统的输入信息,为维修保障系统提供了工作依据。

第5章 基于 Petri 网的装备作战单元战备 完好与任务持续性模型

5.1 装备作战单元战备完好与任务 持续性仿真模型的建立

5.1.1 装备作战单元战备完好与任务持续性分析

装备作战单元的战备完好性与任务持续性是最能综合反映装备作战单元使用与保障任务要求的参数,是综合保障领域的综合性目标。

1. 战备完好性分析

装备作战单元的完好性是装备作战单元在平时和战时使用条件下某一时刻或某一段时间内完成规定功能的能力。装备作战单元的战备完好性是装备作战单元在平时或战时使用条件下能随时开始执行预定任务的能力,它反映的是某一随机时刻可用的能力。从保障的角度出发,装备作战单元的完好性比战备完好性考虑的范围更广,概念更大,它考虑的是装备作战单元的全部的故障与维修,而战备完好性考虑的则是与任务相关的故障与维修。

反映装备作战单元完好性的参数有多种,且不同的装备使用不同的参数,本章主要采用完好率和使用可用度。

装备作战单元的完好率是装备作战单元完好性的概率度量,它是装备作战单元中能随时遂行使用与作战任务的完好装备数与实有装备总数的比值,通常用百分数表示,即

$$完好率 = \frac{完好装备数}{实有装备总数} \times 100\% \qquad (5-1)$$

装备作战单元的使用可用度表征装备作战单元当需要时能够正常工作的程度,是一种和能工作时间与不能工作时间有关的稳态可用度参数。其表达式为

$$使用可用度 = \frac{能工作时间}{能工作时间 + 不能工作时间} \qquad (5-2)$$

式中:不能工作时间不仅包括在装备使用过程中排除故障和预防性维修造成的装备不能工作时间,还要考虑供应保障及行政管理延误等因素导致的不能工作时间,即要考虑除装备改进时间外的一切不能工作时间。

2. 任务持续性分析

装备作战单元的任务持续性是装备作战单元在规定的任务时间内能够连续执行作战与使用任务的能力,它反映的是一种持续的作战保障能力。本章研究的任务成功与通常意义上的作战或使用任务的成功不同,它主要是从保障的角度出发,反映的是保障系统能否保障装备作战单元随时可用而且能够持续可用的问题,也就是"招之即来"和"来之能战"的问题。

反映装备作战单元的任务持续性的参数有多种,本章采用任务完成概率。

任务完成概率是任务持续性的概率度量,反映装备作战单元完成特定任务的能力,是装备作战单元任务成功完成次数和任务执行总次数的比值,即

$$任务完成概率 = \frac{任务成功完成次数}{任务执行总次数} \times 100\% \qquad (5-3)$$

5.1.2 装备作战单元战备完好与任务持续性仿真方法

1. 基本任务下装备作战单元战备完好与任务持续性仿真方法

1)基本任务下装备作战单元的完好性仿真方法

根据式(5-2)可知,如果要计算使用可用度,需要在仿真过程中统计给出装备作战单元在基本任务过程中的能工作时间和不能工作时间。对于不可修系统,只要系统发生故障,就会导致系统停机,任务失败,此时的能工作时间即为任务开始到发生故障的时间,剩余的时间显然就为不能工作时间。对于可修系统,由于任务期间存在维修,情况就稍微复杂一些。现以可修系统为例,给出装备作战单元基本任务下使用可用度仿真流程,如图5-1所示。

在仿真流程图中,维修过程模块实际上包含了维修等待的过程,这里主要考虑备件、人员和设备三种维修资源的等待过程。整个维修过程实际上是维修保障系统模型的运作过程。

对于完好率来说,在仿真过程中很容易根据装备作战单元中每一个装备相

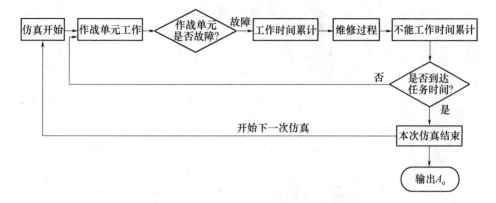

图 5 - 1 基本任务下装备作战单元使用可用度仿真流程

关工作单元的工作情况,结合它们之间的工作关系(串联、并联等)来判断该装备是否完好。由式(5 - 1)可相应地给出装备作战单元的完好率。

2)基本任务下装备作战单元的任务持续性仿真方法

根据装备作战单元任务完成概率的分析及式(5 - 3),装备作战单元任务完成概率仿真流程如图 5 - 2 所示。

在仿真开始前,在仿真前端根据装备作战单元中基本任务涉及的功能系统的历史故障与维修记录,分析给出其可用度,即在该基本任务开始时刻装备作战单元可以工作的概率 P。仿真开始后,首先根据 P 确定的概率随机确定装备作战单元是开始执行任务还是因不可用而进行维修。对于开始时不可用或任务开始后故障的情况:如果装备作战单元可修,则进入维修过程,修复后继续工作;否则,直接判定基本任务失败,结束本次仿真。在任务过程中,仿真模型同时进行任务时间的控制,达到任务时间约束的要求时即终止本次仿真,进行任务量检查并转入下一次仿真。经过多次仿真可以得到装备作战单元完成该基本任务的任务完成概率。

2. 复杂任务下装备作战单元战备完好与任务持续性仿真方法

1)复杂任务下装备作战单元的战备完好性仿真方法

在实际应用中,大多数使用任务是复杂任务。通过对装备作战单元复杂任务和基本任务关系的剖析,以及装备作战单元基本任务下完好性的仿真方法,可以简便地提出装备作战单元复杂任务下完好性的仿真方法:通过对基本任务下的装备作战单元完好性仿真过程的循环调用,实现对复杂任务下完好性的仿真

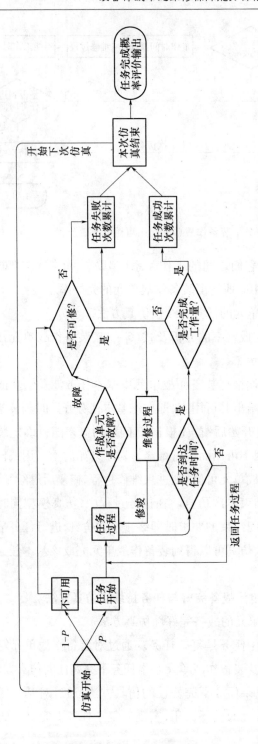

图5-2　基本任务下装备作战单元任务完成概率仿真流程

126

分析,如图 5-3 所示。

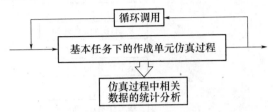

图 5-3 复杂任务下装备作战单元完好性仿真示意图

装备作战单元复杂任务使用可用度仿真与基本任务下的使用可用度仿真不同之处在于:复杂任务包含若干个顺序执行的基本任务,其仿真过程是对图 5-3 所示的基本任务使用可用度仿真过程的循环调用。只是在循环调用过程中需要考虑包括任务成功与否及各基本任务之间能否顺利转换等问题的判定。

如果在仿真过程中能够分别统计给出整个复杂任务仿真过程中的每一个基本任务的能工作时间与不能工作时间,分别记为 T_{Yi} 和 T_{Ni}(i 代表复杂任务中第 i 个基本任务),则有

$$\text{复杂任务下的装备作战单元使用可用度} = \frac{\sum_i T_{Yi}}{\sum_i (T_{Yi} + T_{Ni})} \quad (5-4)$$

复杂任务下装备作战单元的完好率的统计方法与基本任务条件下类似:即在仿真过程中首先根据装备作战单元中每一个装备相关工作单元的工作情况,结合它们之间的关系(串联、并联等),判断该装备是否完好;然后根据装备作战单元的完好率的含义,给出装备作战单元的完好率的仿真结果。

2) 复杂任务下装备作战单元的任务持续性仿真方法

对复杂任务下装备作战单元的任务完成概率的仿真,仍然可以通过循环调用基本任务下的装备作战单元任务完成概率仿真过程的方法来实现。此基础上给出复杂任务下装备作战单元任务效能的仿真流程,如图 5-4 所示。

在复杂任务下装备作战单元任务完成概率的仿真中,需要考虑阶段之间的相关性:在基本任务成功完成之后,如果能够顺利转换为下一个基本任务,则任务继续;否则,整个任务失败。所以,在复杂任务完成概率仿真过程中,造成任务失败有某基本任务失败和基本任务间转换失败两种情况。而任务的成功则需要各个基本任务顺次成功完成。

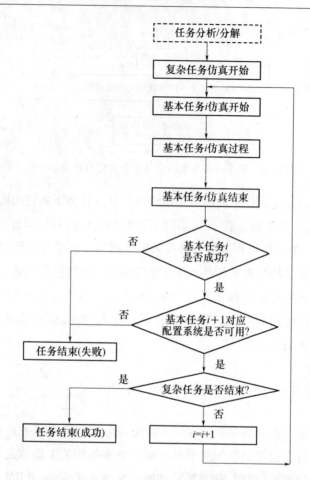

图 5 - 4　复杂任务下装备作战单元任务完成概率仿真流程

5.1.3　基于 Petri 网的装备作战单元战备完好与任务持续性仿真模型

前面建立了装备作战单元维修事件仿真模型,用于产生维修事件。在维修事仿真过程中,同时也产生并记录了大量的数据,可以用来对装备作战单元的战备完好与任务持续性做出评估。这些数据的产生过程,实际上体现了装备作战单元的战备完好与任务持续性仿真的过程。而实现这些数据的统计与记录的,除模型中运行的托肯携带的信息,关键是模型的变迁 statistic。本节首先在维修事件仿真模型的基础上,给出装备作战单元战备完好与任务持续性仿真模型,然后分析模型运行中如何实现数据的收集和统计。

1. 装备作战单元战备完好与任务持续性仿真模型

装备作战单元战备完好与任务持续性仿真模型实际上是综合了装备作战单元维修事件仿真模型和维修保障系统仿真模型,如图 5-5 所示。

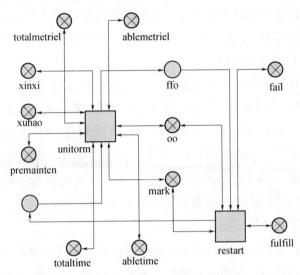

图 5-5　装备作战单元战备完好与任务持续性仿真模型

图 5-5 中:库所 xinxi、xuhao 和 premainten 分别顺次存储了由仿真前端输入的装备作战单元复杂任务的初始信息,包括任务阶段涉及的功能系统的信息和任务阶段的约束信息;库所 ffi、ffo、oo、mark 代表传递各个基本任务阶段连续仿真运行的标识信息或重新开始下一次仿真的控制信息;统计库所 fail、fulfill、totaltime、abletime、totalmetriel、ablemetriel 分别统计了仿真过程中有关战备完好与任务持续性的各种数据信息;模块 uniform 是仿真的主体,调用装备作战单元维修事件仿真模型,依据输入信息顺次模拟复杂任务的执行和维修事件的产生;模块 restart 向相应统计库所输出数据,并重新初始化仿真。

整个模型的运行过程:根据初始输入信息,通过托肯信息的传递,循环调用模块 uniform,实现对复杂任务序列活动的顺次模拟。同时在各级仿真过程中,统计收集有关战备完好与任务成功的数据信息,输出到相应库所,根据这些数据实现对装备作战单元战备完好与任务持续性的评估。

2. 基本任务下装备作战单元战备完好与任务持续性的仿真

基本任务下装备作战单元战备完好与任务持续性仿真实际上是维修事件的仿真过程,只不过侧重在数据的记录和统计上。其中,实现仿真的关键是变迁statistic。这里对其实现机理予以分析:

(1)基本任务的完好率仿真。在基本任务模型中设置了 avai 统计参与此基本任务的实有装备数,设置了 twun 统计此基本任务中完好的装备数。由式(5-1)可求得基本任务下的完好率。

(2)基本任务的使用可用度仿真。分为不可修系统和可修系统两种情形。对于不可修系统:若基本任务成功,则总时间和能工作时间均为此阶段的任务时间;若基本任务失败,则总时间为此阶段的任务时间,能工作时间则为已工作时间。对于可修系统,则分别在模型中设置了统计工作时间的库所 wt 及统计不能工作时间的库所 nonwt:若此阶段任务成功,则能工作时间为总时间减去不能工作时间;若此阶段任务失败,则能工作时间为 wt 中记录的时间。由式(5-2)可求得基本任务下的使用可用度。

(3)基本任务的任务完成概率仿真。当任何一个托肯触发变迁 statistic 时,分为两种情况:一种是,在功能系统修理完毕的情形下,若仿真时间未达到任务时间截止点,则修竣托肯返回 units 再次投入工作,此阶段任务继续执行;但此时若阶段的累计工作时间已经达到,即工作量已经满足,则此阶段任务成功完成,输出阶段成功信息到 finish,并统计阶段成功次数。另一种是,功能系统没有修竣但任务时间已经达到。此时,若本阶段累计工作时间已经达到,则此阶段任务成功完成,输出阶段成功信息到 finish,并统计阶段成功次数;否则,此阶段任务失败,输出失败信息到库所 oo,并统计阶段失败次数。由式(5-3),可求得基本任务下的任务完成概率。

3. 复杂任务下装备作战单元战备完好与任务持续性仿真模型

在图5-5中,统计库所 totaltime 记录复杂任务执行的总时间,库所 abletime 记录复杂任务过程中的能工作时间,由式(5-4)计算复杂任务下装备作战单元的使用可用度。统计库所 totalmetriel 统计装备作战单元某一时刻的装备实有数,ablemetriel 统计此时刻的完好装备数,根据式(5-1),计算装备作战单元复杂任务下的完好率。统计库所 failnum 和 fulfillnum 分别记录了整个复杂任务的失败仿真次数和成功仿真次数,根据式(5-3),计算装备作战单元整个任务的

任务完成概率。这些数据都是在模型的每层仿真中,通过基本任务下的战备完好与任务成功的仿真收集并传递统计的。具体来讲:

(1)复杂任务下的完好率仿真。只考虑任务序列截止前成功完成的任务序列,在任务序列截止点通过 avai 统计得装备实有数,通过 twun 统计得完好装备数。

(2)复杂任务下的使用可用度仿真。若复杂任务序列在某一基本任务阶段终止,则每个基本任务的能工作时间累加得到整个任务的能工作时间,每个基本任务的总时间累加得到整个任务的总时间,即工作时间和不工作时间之和。

(3)复杂任务下的任务完成概率仿真。整个任务的成功不仅需要整个任务序列中的每个基本任务成功完成,且需要基本任务之间的转换顺利完成。也就是说,复杂任务的每个基本任务成功完成并且顺利转换为下一个基本任务的执行,复杂任务才能成功完成,记入成功次数;否则,这两个环节中的任何一处不能完成,复杂任务均是失败的,记入失败次数。

5.2　装备战备完好与任务持续性模型的输入与输出

装备作战单元的战备完好与任务持续性仿真是在装备作战单元的维修事件仿真的基础上,结合维修保障系统仿真完成的,这些模型实际上构成了装备作战单元战备完好与任务持续性仿真评估系统的仿真底层。在评估系统中,仿真模型通过从评估系统中获取有关装备作战单元使用和保障的数据,输入模型经过仿真运行后,向评估系统输出有关战备完好与任务持续性的各种数据信息,作为系统进行评估是数据源。其中,仿真模型的输入与输出是关键。本节将详细介绍输入与输出数据形式。

5.2.1　战备完好与任务持续性仿真模型的输入

在图 5 - 5 中,模型从外界输入数据是通过库所 xinxi、xuhao 和 premainten 实现的。其中:库所 xinxi 和 xuhao 存储由仿真前端输入的装备作战单元与使用任务相关的初始信息,包括装备作战单元的可靠性、维修性和保障性参数以及使用任务的控制信息;库所 premainten 存储由仿真前端输入的装备作战单元相关的预防性维修的信息。

1. 输入库所 xinxi

库所 xinxi 中的输入信息包括各个阶段的信息,这些信息是顺次输入模型的。每个阶段信息均由两部分组成:一部分是功能系统信息;另一部分是任务阶段的信息。前者包括:所有参与此阶段的功能系统及其故障率、修复率和备件设备人员满足率的分布;这些功能系统之间的可靠性关系;功能系统所从属的装备标示。后者包括本阶段任务的任务时间、工作时间以及阶段间的转换概率。库所 xuhao 中的输入信息只对本阶段可修与否做出表示,true 表示可修,false 表示不可修,这些信息与库所 xinxi 中的阶段信息相对应,也是顺序输入的。

以图 5 - 6 所示输入数据为例,对库所 xinxi 中的输入数据格式进行分析。

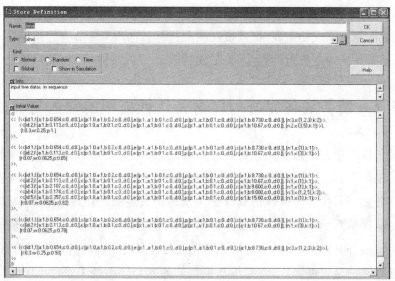

图 5 - 6   数据输入(库所 xinxi)

图 5 - 6 中,每个《》括起来的一行是一个基本任务阶段的信息。本例中 5 行即代表了复杂任务分解为 5 个基本任务阶段。

现取第三个基本任务阶段为例:

```
<<
{<<[id:1,f:[a:1,b:0.654,c:0.,d:0.],s:[p:1.0,a:1,b:0.2,c:0.,d:0.],e:[p:
```

1.,a:1,b:0.1,c:0.,d:0.],p:[p:1.,a:1,b:0.1,c:0.,d:0.],r:[a:1,b:8.730,c:
0.,d:0.]],[n:1,x:{1},k:1]>>,

<<[id:2,f:[a:1,b:0.113,c:0.,d:0.],s:[p:1.0,a:1,b:0.1,c:0.,d:0.],e:[p:
1.,a:1,b:0.1,c:0.,d:0.],p:[p:1.,a:1,b:0.1,c:0.,d:0.],r:[a:1,b:10.67,c:
0.,d:0.]],[n:1,x:{1},k:1]>>,

<<[id:3,f:[a:1,b:0.107,c:0.,d:0.],s:[p:1.0,a:1,b:0.1,c:0.,d:0.],e:[p:
1.,a:1,b:0.1,c:0.,d:0.],p:[p:1.,a:1,b:0.1,c:0.,d:0.],r:[a:1,b:9.600,c:
0.,d:0.]],[n:1,x:{1},k:1]>>,

<<[id:4,f:[a:1,b:0.174,c:0.,d:0.],s:[p:1.0,a:1,b:0.1,c:0.,d:0.],e:[p:
1.,a:1,b:0.1,c:0.,d:0.],p:[p:1.,a:1,b:0.1,c:0.,d:0.],r:[a:1,b:8.000,c:
0.,d:0.]],[n:3,x:{1,2,5},k:2]>>,

<<[id:5,f:[a:1,b:0.357,c:0.,d:0.],s:[p:1.0,a:1,b:0.1,c:0.,d:0.],e:[p:
1.,a:1,b:0.1,c:0.,d:0.],p:[p:1.,a:1,b:0.1,c:0.,d:0.],r:[a:1,b:15.60,c:
0.,d:0.]],[n:1,x:{1},k:1]>>},

[t:0.07,w:0.0625,p:0.82]

>>,

　　每个基本任务信息包括两部分:用{}括在一起的各个功能系统信息和余下的用[]括起来的本阶段任务约束信息。前者{}中,每行《》代表一个功能系统信息。后者[t:0.07,w:0.0625,p:0.82],分别代表本阶段任务的任务时间 t、工作时间 w 以及转入本阶段的概率 p(也就是阶段间的转换概率)。本例数据表示,第三个基本任务阶段有五个功能系统参与工作,此基本任务必须在 0.07h 内完成,且必须工作时间(转化为日历时间)达到 0.0625h,否则任务失败。

　　现取第一个功能系统,即{}中的第一行为例:

<<[id:1,f:[a:1,b:0.654,c:0.,d:0.],s:[p:1.0,a:1,b:0.2,c:0.,d:0.],e:
[p:1.,a:1,b:0.1,c:0.,d:0.],p:[p:1.,a:1,b:0.1,c:0.,d:0.],r:[a:1,b:8.730,
c:0.,d:0.]],[n:1,x:{1},k:1]>>,

　　在数据的前半部,包括装备功能系统的可靠性和维修保障性信息。其中:id 为功能系统的编号;f 为故障率参数;s 为申请备件的参数;e 为申请设备的参数;p 为申请人员的参数;r 为修复率的参数。在 f 和 r 中,a 是参数分布的类型,其对应列表见表 5-1,b、c、d 分别为分布中的参数的指标值;s、e、p 中,p 表示资源的满足概率,a、b、c、d 含义与 f、r 中相同。

表 5 - 1 参数类型标号

寿命分布类型	参 数 形 式
指数分布	nexp(m,s)
均匀分布	uniform(a,b,c)
泊松分布	Possion(m,s)
正态分布	normal(m,v,s)
伽马分布	Gamma(l,k,s)
爱尔朗分布	erlang(m,k,s)
贝努利分布	bernouilli(p,s)
二项分布	binomial(n,p,s)
β分布	PERT_beta(l,u,e,s)

本例数据表示,执行第三个基本任务阶段的编号为 1 的功能系统,其寿命服从参数 $\lambda = 0.654$ 的指数分布,其故障修复率服从参数 $\lambda = 8.73$ 的指数分布,其备件、设备及人员的满足概率均可以达到 100%。不满足时,备件保障延迟服从参数 $\lambda = 0.2$ 的指数分布,设备保障延迟服从参数 $\lambda = 0.1$ 的指数分布,人员保障延迟服从参数 $\lambda = 0.1$ 的指数分布。

在数据的后半部,表示了功能系统之间的关系。n 为此种功能系统的总的数量,x 表示这些功能系统分别属于哪几个装备,{|}里的数字为装备的编号。如行军阶段需要两辆指挥车,则各指挥车的底盘系统其实是同一种功能系统,只是分属两个装备,这在统计完好率时可以用到。k 可以理解为 n 中取 k 的 k,即这些相同的功能系统形成了怎样的可靠性关系,k 取 1 即为串联关系,k 取 n 即为并联关系。本例中,编号为 1 的功能系统只有一个,且属于编号为 1 的装备。

2. 输入库所 xuhao

库所 xuhao 是相对应库所 xinxi 中的各个任务阶段的数据,用来标志各任务阶段是否允许维修的。其中,用 true 表示可修,false 表示不可修。上例库所 xinxi 所对应的库所 xuhao 的数据如图 5 - 7 所示。

图 5 - 7 中,每行《》标志一个任务阶段。本例数据表明,此复杂任务在第一个和最后一个基本任务阶段是允许维修的,而在其他三个任务阶段是不允许维修的。

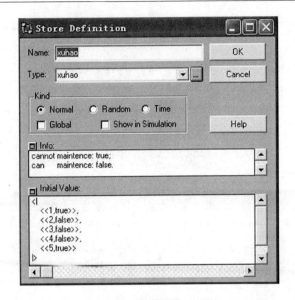

图 5 - 7　数据输入(xuhao)

3. 输入库所 premainten

库所 premainten 的作用是在模型中输入各功能系统的相关的预防性维修信息,包括功能系统的编号(与库所 xinxi 中的功能系统的编号相对应)、该功能系统包括的预防性维修项目的总数和每个预防性维修项目的详细信息(包括项目编号、预防性维修工作类型和预防性维修间隔等)。

对应于上例所示的任务可靠性的输入数据,预防性维修的输入数据如图 5 - 8 所示。

图 5 - 8 中,每一行｛｝代表一个基本任务的预防性维修信息。对应于库所 xinxi 中数据,表示的 5 个基本任务,预防性维修数据共有 5 行,代表每个基本任务的预防性维修信息。这 5 个基本任务的预防性维修信息按序排列,用 < | … | > 来表明其顺序。

仍取第 3 行,即第 3 个任务阶段为例:

```
{ [id:1,totalnum:2, detail:{[idd:0101,worktype:2,interval:1.25,mtime:0.05],
                            [idd:0102,worktype:3,interval:1.05,mtime:0.05]}],

    [id:2,totalnum:3, detail:{[idd:0201,worktype:2,interval:1.05,mtime:0.05],
                              [idd:0202,worktype:3,interval:1.05,mtime:0.05],
                              [idd:0203,worktype:3,interval:1.50,mtime:0.05]}],
```

［id:3,totalnum:2, detail:｛［idd:0301,worktype:5,interval:1.55,mtime:0.05］,

　　　　　　　　　　［idd:0302,worktype:6,interval:1.05,mtime:0.05］｝］,

［id:4,totalnum:3, detail:｛［idd:0401,worktype:4,interval:2.05,mtime:0.05］,

　　　　　　　　　　［idd:0402,worktype:6,interval:1.05,mtime:0.05］,

　　　　　　　　　　［idd:0403,worktype:3,interval:1.50,mtime:0.05］｝］,

id:5,totalnum:2, detail:｛［idd:0501,worktype:5,interval:1.55,mtime:0.05］,

　　　　　　　　　　［idd:0503,worktype:7,interval:1.50,mtime:0.05］｝］

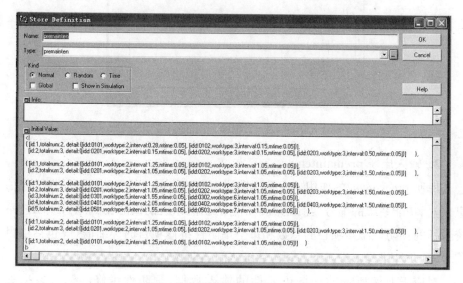

图 5 - 8　数据输入(premainten)

可以看出,这一任务阶段的预防性维修数据用｛…｝包括了 5 个功能系统,其编号分别为 1 ~ 5,对应于库所 xinxi 中的执行第 3 个基本任务的 5 个功能系统。其中,每一行［ ］包括了功能系统的预防性维修信息。

现取编号为 1 的功能系统为例:

［id:1,totalnum:2,detail :｛［idd:0101,worktype:2,interval:1.25,mtime:0.05］,

　　　　　　　　　　［idd:0102,worktype:3,interval:1.05,mtime:0.05］｝］

其中:id 表示功能系统的编号,totalnum 表示与此功能系统相对应的有两个预防性维修项目;detail 数据中具体给出这两个预防性维修项目的信息(编号 idid 为 0101 的项目,其预防性维修工作的类型 worktype 是第二种类型,其预防性维修间隔期 interval 为 1.25h,实施此项预防性维修需要的平均时间 mtime 为 0.05h;

136

编号为 0102 的项目,其预防性维修工作的类型是第三种类型,其预防性维修间隔期为 1.05h,实施此项预防性维修需要的平均时间为 0.05h。在这里,假设每项预防性维修的间隔期和维修耗时均是一个常量或固定值。预防性维修工作通常包含保养、操作人员监控、使用检查、功能检测、定时/期拆修、定时/期报废和综合工作 7 种工作类型。

在对装备作战单元战备完好与任务持续性进行仿真时,需要获取装备作战单元的自身信息、维修保障信息和使用任务信息。这些信息都需要仿真前数据的大量收集与分析工作。装备作战单元的设计技术资料、使用相关文档可以从设计方、厂家与装备机关获取,而现场保障数据必须从装备的使用部队获得。

5.2.2 战备完好与任务持续性仿真模型的输出

模型向外界输出数据是通过库所 fail、fulfill、totaltime、abletime、totalmetriel、ablemetriel 实现的,它们分别收集了仿真过程中各种有关装备作战单元战备完好与任务持续性的数据信息。具体来说:库所 fail、fulfill 中分别存储复杂任务失败的次数及成功的次数;库所 totaltime、abletime 存储复杂任务的遂行总时间和总的能工作时间;totalmetriel、ablemetriel 存储执行复杂任务的实有装备数以及在某时刻的完好装备数。这些数据输出到整个装备作战单元战备完好与任务持续性仿真评估系统,对装备作战单元的作战效能和各种保障参数做出评估,并实现维修事件仿真模型的验证。

5.3 仿真实例分析

基于上述所建立的装备作战单元维修事件仿真模型,以及以此为核心建立的维修保障系统仿真模型和战备完好与任务持续性仿真模型,本节通过实例的分析和仿真,对装备战备完好与任务持续性评估,证明维修事件仿真模型的可行性和有效性。

5.3.1 实例描述及分析

仿真实例是在对某型自行高炮装备作战单元的使用及保障数据进行分析的基础进行的。某型自行高炮是针对低空和超低空的空中目标而设计的防空装备作战单元,它能够自主全天候高性能工作,并且能够在行进间完成跟踪和射击。

　　某型自行火炮以连为装备基本装备作战单元,每个连配置主战装备包括6门自行高炮和1门指挥车,配套装备包括电源车、弹药车、检测车和模拟训练器,它们共同构成了自行火炮连装备基本装备作战单元,如图5-9所示。

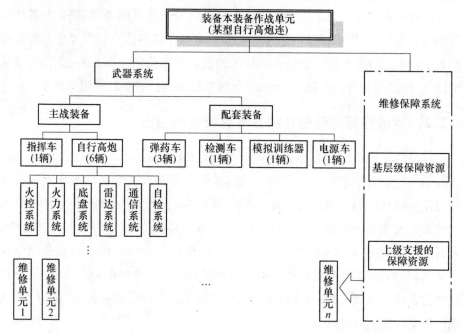

图5-9　某型自行高炮装备基本装备作战单元构成

　　某型自行火炮的典型任务包括作战任务和训练任务。本例以自行火炮的"靶场打靶"训练任务为基础进行分析和仿真。"靶场打靶"是部队每年都要进行的一个常规的自行火炮的训练任务,它也是一个过程比较复杂的使用任务,可以分解为一系列顺序执行的基本任务,并最终简化为如图5-10所示的行军、展

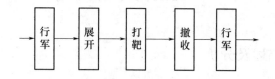

图5-10　打靶任务的简化分解

开、打靶、撤收和行军 5 个顺序执行的基本任务。其中,行军任务要考虑修复,而展开、撤收和打靶任务由于任务时间短或任务要求的原因一般不考虑维修(仿真实例不考虑预防性维修)。

　　结合对获取的自行火炮的相关数据的分析,给出系统各组成单元的可靠性和维修性相关数据以及自行火炮打靶任务信息,见表 5 - 2。

表 5 - 2　某型自行火炮打靶任务相关数据

基本任务	行军	展开	打靶	撤收	行军
基本任务涉及的功能系统	底盘系统	底盘系统、火控系统	底盘系统、火控系统、火力系统、雷达系统、直属单机	底盘系统、火控系统	底盘系统
任务时间/天	0.3	0.07	0.07	0.07	0.3
工作时间/天	0.25	0.0625	0.0625	0.0625	0.25
是否允许修理	是	否	否	否	是
转入概率	0.9	0.85	0.82	0.78	0.93

功能系统	底盘系统	火控系统	火力系统	雷达系统	直属单机
故障率/(1/天)	0.654	0.113	0.107	0.174	0.357
修复率/(1/天)	8.73	10.67	9.6	8	15.6
数量及其关系	3 中取 2	1	1	1	1
分属装备号	装备 1、2、3	装备 1	装备 1	装备 1	装备 1

注:转入概率是指当本阶段任务成功结束后,以多大的概率转入下一阶段。对于第一个阶段来说,则表示任务开始时装备作战单元的可用度

5.3.2　仿真模型的数据输入

　　将表 5 - 2 中的关于自行火炮各种参数及使用任务的参数数据经过整理,按照模型规定的格式输入仿真模型中,如图 5 - 11 所示。

　　在数据录入的过程中,需要注意的是,由于各任务的任务量是广义的工作时间,如用行驶里程(千米)、子弹的数量(发)表征。而本模型的数据要求将工作量转化为日历时间,这需要根据一定的行驶速度等来进行换算,在此不做研究。

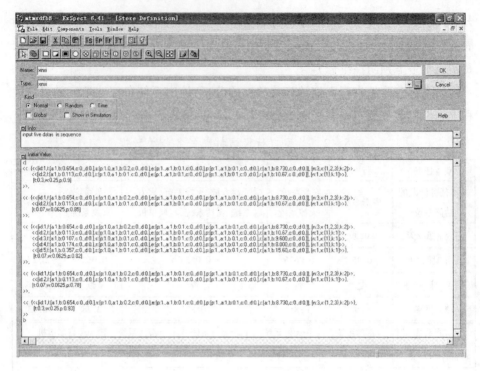

图 5 - 11   输入仿真初始数据

5.3.3   仿真结果分析

在仿真过程中,设定固定的仿真次数或仿真时间。在仿真结束点,通过模型的 dashboard 工具获取仿真结果数据。本例的仿真结果数据见表 5 - 3。

表 5 - 3   仿真结果数据

任务循环次数	55	110	220	500	1000
失败次数	31	59	18	277	558
成功次数	24	51	102	223	442
总时间累计/h	30.37	61.13	123.23	277.23	548.64
能工作时间累计/h	29.98	60.1	121.79	273.6	541.4
装备实有数累计	75	759	315	696	1365
完好装备数累计	68	148	293	641	1267

为了得到精确的数据,需要采用多次仿真求平均的方法来获取最终结果。例如,在同一组数据下运行 1000 次仿真模型,就可以统计分析得到结果:装备作战单元的使用可用度为 0.78;装备作战单元的完好率为 0.92(为复杂任务结束时的完好率值);装备作战单元的任务完成概率为 0.45。

这些数据表明,在某型自行火炮现有打靶的配置条件下,打靶任务的成功概率达 0.45,使用可用度可达 0.78,而完好率水平达 0.92。根据实际的打靶经验数据可知,这些结果比较正确和符合实际。由此证明所建立的维修事件仿真模型是正确的。同时,还可以通过输入多种实际收集的数据,得到不同的结果,来验证模型的通用性,这里不再赘述。

5.4　本章小结

本章首先分析了装备作战单元战备完好性与任务持续性参数仿真计算的方法,明确了计算流程。运用 Petri 网,建立了战备完好性与任务持续性参数的仿真模型,规范了战备完好任务持续性模型的输入和输出。结合某自行高炮简单任务,对仿真模型和算法进行了实例验证,并详细分析了仿真结果与实际的吻合程度,分析表明仿真模型和算法正确有效。

第6章 装备作战单元战备完好与任务持续性仿真评估系统设计及实现

6.1 仿真评估系统设计

6.1.1 仿真评估系统的框架设计

装备作战单元仿真评估系统开发的目的是:在收集装备作战单元使用阶段可靠性维修性相关数据的基础上,建立针对装备作战单元使用阶段综合保障相关参数进行评价的仿真系统。对武器系统综合保障方面的能力进行评估,为合理地保障配置提供可靠依据,从而提升装备作战单元整体效能。

装备作战单元使用可用度和任务效能仿真评估系统主要包括两个部分:一是基于 PDA 的面向部队基层人员的移动平台数据管理系统;二是基于服务器端的使用可用度和任务效能仿真评估系统,它是评估系统的主体,由面向仿真用户的仿真前端与数据服务器,以及面向建模分析人员的仿真底层构成。装备作战单元使用可用度及任务效能仿真评估系统如图 6 - 1 所示。

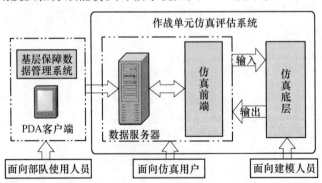

图 6 - 1 装备作战单元使用可用度及任务效能仿真评估系统

基于移动平台的基层数据管理系统是系统的重要组成部分,它为基层装备保障人员提供了集保障数据采集、资料查询及数据交互等功能于一身的便携高效的工具。移动数据管理系统在现场采集的装备作战单元保障相关数据,是实现装备作战单元使用可用度与任务效能指标仿真评估的基础。

数据服务器是整个仿真系统的中枢。移动客户端运行所必需的基础数据需从服务器下载,采集的数据则上传到服务器仿真评估系统使用;仿真评估系统的运行完全基于存储在服务器的数据。正是服务器将移动平台的基层数据管理系统与 PC 平台的仿真评估系统连接成一个有机整体。

由仿真前端与仿真底层构成的仿真评估软件是环境的主体,负责数据库服务器维护、仿真相关模型的设计与构建、装备作战单元保障与任务相关数据的管理与分析,以及仿真评估最终的实现。

6.1.2　仿真评估系统应用环境

装备作战单元仿真评估系统的运行方式:仿真评估系统的软件工具与网络数据库服务器、移动数据管理系统组成客户/服务器结构的系统环境,相互配合实现系统的各项功能,该运行方式支持多个客户端并行工作,各客户端的软件工具通过网络连接中央数据服务器,对数据库中的相关数据进行远程读/写操作。客户端不仅包括基层的移动客户端,还包括安装在不同机器上的多个仿真实例。当仅需使用一个仿真评估系统的实例时,可将网络数据库服务器和评估软件工具安装在同一台微型计算机上。当需要应用多个仿真评估实例时,可以在不同微型计算机上安装仿真评估软件实例,共享同一数据服务器。

评估系统的硬件环境如图 6 - 2 所示。拓扑结构为简单的星形连接,本节所指的移动设备主要包括掌上电脑(PPC)、手持电脑(HPC)、智能电话等进行移动计算的产品,可以通过电缆或者通过无线电、红外线等与其他计算机、移动设备或互联网连接。从实际需求来讲,掌上电脑最为适用。

装备作战单元仿真评估系统的运行依赖于装备作战单元的各种相关数据,包括使用阶段的故障与维修数据。因此,面向基层的移动数据采集平台虽然不是环境主体,但对投入应用的系统来说是很重要且必不可少的。移动平台要求实用高效,易于操作,对不同使用环境具有较强的适应能力。根据基层装备保障

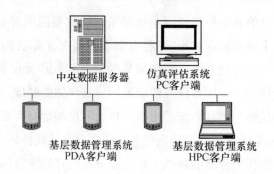

图 6 - 2　评估系统的硬件环境

人员的需求,移动客户端系统应能提供保障相关技术资料查询、现场保障数据输入、数据储存,以及与上级机关之间的数据传输等功能。由于保障人员工作环境的变化,移动客户端多处于离线状态,系统要求可在本地缓存一定容量的数据并进行维护。在网络连通时,各移动客户端与机关服务器端之间进行远程数据交互。对于团以下级别的基层部队,在装备机关配置一台中央数据服务器,各维修分队分别配备一个移动客户端,就可以很好地实现上述功能。

数据库存储的数据具体包括评估系统用户信息、装备作战单元保障相关数据、使用任务数据、仿真过程生成的中间分析结果、仿真模型的状态数据及评估输出数据。数据库采用客户/服务器开放架构、通用的数据格式,以便与其他软件系统的共享和评估系统自身的升级。

服务器端的仿真评估系统具体实现的功能包括:对装备作战单元保障相关信息、使用任务信息的维护;对仿真设定信息的管理;为准备仿真所需信息对装备作战单元与任务信息进行的分析处理;对仿真运行的控制以及对仿真结果的分析,最终输出指标的评价值。其中:数据库服务器的管理,装备作战单元使用任务相关定义、仿真过程控制由机关仿真用户完成;针对不同的评估指标的基于 ExSpect 的 Petri 网仿真模型,由模型分析人员建立,供仿真用户调用。

6.1.3　数据模型分析

数据模型分析是软件开发的必要步骤。通过对整个软件系统的数据接口、传输和存储过程进行逐层分析,建立系统数据模型,可以清楚描述系统内部运作,确定系统的大致体系结构与组成。这里以数据流图来建立系统的数据模型。数据流图是系统数据模型设计过程中的重要表达工具,清楚描述了系统与外部的交互、系统运行的中间状态、各阶段生成的文档与系统内部的数据流向及其关联。对系统数据模型的设计工作还包括对数据流图中各状态节点的数据处理过程、数据流组成以及数据存储文档结构进行逐级具体分析。

图6-3为系统顶层数据流图,包括系统交互方、状态节点、数据存储或文档以及数据流等要素。以图中P1节点为例,其数据处理过程形成的文档:对用户输入装备作战单元结构、功能、部件性能参数等技术资料进行分析,生成装备作战单元结构、功能、维修任务、使用任务等信息的结构化数据。具体处理过程包括装备作战单元构成分析、功能系统分析、维修任务分析、任务模型分析等。

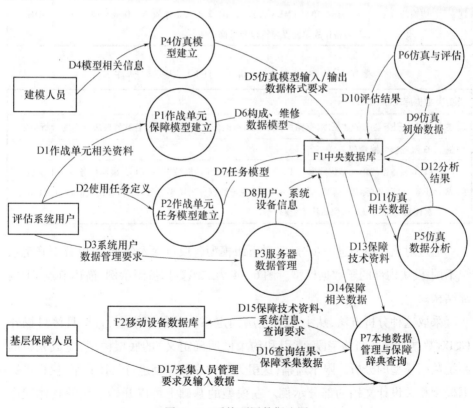

图6-3　系统顶层数据流图

按规范形成的数据流或数据存储文档见表6-1、表6-2。表中包括了分析对象的性质说明、交互方、数据组成结构等重要属性。通过对系统顶层数据模型各成员进行具体分析,清楚描述了顶层数据模型的构成与运作方式。

表6-1　数据流分析示例（D1 作战单元相关资料）

类型	数据流	
简述	由产品设计方或工厂提供的,由用户输入的装备构造、功能、部件性能参数等 RMS 相关信息	
来源	仿真评估系统用户	
去向	P1 作战单元信息模型建立	
组成	设计分析工作	D1.1.1 装备作战单元构成分析 + D1.1.2 装备作战单元功能分析 + D1.1.3 维修任务分析
	传输的数据	D1.2.1 装备作战单元结构数据 + D1.2.2 装备作战单元功能说明 + D1.2.3 装备作战单元 FMEA 报告 + D1.2.4 装备作战单元作战与训练方案 + D1.2.5 装备作战单元保障规范及维修说明

表6-2　文档结构分析示例(F1 中央数据库)

类型	数据库文件
简述	建立在服务器上的数据库,存储评估系统所有的信息、原始数据和各软件模块产生的分析结果
控制	P3 服务器数据管理
组成	F1.1 装备作战单元结构数据 + F1.2 装备作战单元功能数据 + F1.3 维修任务 + F1.4 使用任务 + F1.5 系统运行基础数据 + F1.6 保障数据分析结果 + F1.7 仿真模型信息 + F1.8 仿真评估结果 + F1.9 保障技术资料

通过对顶层模型进一步分解,对下级模型各成员深入分析,可以分别确定系统不同模块内部的子数据模型。图6-4为二级数据流图示例,描述节点 P1 内部结构。

采取这种分析方法,从上至下逐层确定系统的数据模型,直至具体可操作(如对数据存储文档的字段、索引和约束已明确定义)的底层模型,完成完整的系统数据模型的分析。限于篇幅,这里无法对完整模型进行具体介绍,仅提供数据模型相关设计文档的部分示例。在模型的基础上可以开始系统的具体程序开发。

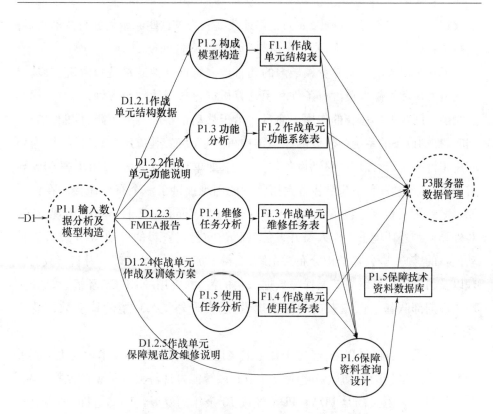

图 6-4　二级数据流图示例(P1 作战单元保障模型建立)

6.2　基于 PDA 的装备维修保障数据管理子系统实现

随着科学技术的进步发展,我军各种武器系统、各种设备和系统也越来越复杂,随之而来的是装备保障技术资料管理中的问题日益突出。如何有效和高效地开发与管理这些资料,已经成为大型武器装备系统必须解决的问题。装备保障信息化建设的目标,对保障部门的数据管理提出了更高的要求。但是,目前在部队,尤其是基层单位的数据管理和使用的现状与各级保障部门的实际需求存在较大的差距:一方面,部队现在大多采用的还是传统的文档式的维修资料,传统的文档式的维修资料本身质量与体积大、造价高,而且其编制周期长、不便于查询、携带不方便、对一些故障没有明确的说明,维修资料更新速度跟不上部队实际;另一方面,对装备保障分析工作极为重要的装备使用与保障情况原始数据的收集工作存在不足。因此,如何更好地收集和维护这些原始数据与技术资料,提高装备保障工作的效率,是一个值得研究的工程性问题。

近年来出现的一些专业领域内的装备数据管理软件通常是面向机关,基层的装备使用和维修人员没有条件利用计算机进行数据管理与查询,不能为现场及时解决问题发挥应有的作用。而目前由于移动设备的价格下降、性能提升的同时,移动设备的系统与软件的体系结构得到了改善,其应用日趋广泛,国内外应用了许多军用、民用的移动设备软件系统,如单兵作战系统、民用车载 GPS 导航系统等 。这为解决基层装备数据管理的困难提供了一个有效途径。在针对WinCE 系列平台移动设备的 Microsoft . NET CF(Compact Framework)出现后,针对外勤或野外环境下工作人员开发能远程访问公司资料的移动 Web 或基于移动设备的客户/服务器结构分布式系统,变得更加容易。结合部队对基层数据管理以及仿真评估系统对基层保障数据采集的需要,应用. NET CF 环境设计并实现了面向部队基层保障人员的便于携带、适应野外复杂环境的移动数据管理系统。

移动设备自面世以来,经过十几年的飞速发展,其内涵与技术均发生了很大的变化。这里指的移动设备包括 HPC、PDA、智能电话等多种类型的便携产品,其中最具代表意义的是 PDA。PDA 经过 10 余年的发展,已成为目前种类繁多的具有面向多进程多任务的开放式操作系统的掌上电脑,这些高端产品某些方面的性能甚至可与计算机相比。新型的掌上电脑最大的特点是开放的系统和结构,可以从软件和硬件上进行升级与扩展,通过下载厂商和第三方开发的软件或是编写程序,可以迅速更新系统、赋予掌上电脑更多新的功能。通过提供支持多种标准的接口,如 MMC、CF 和 SD 扩展槽,可以接入多种外设,从硬件上扩充机器的功能,以实现视频播放、无线上网、地图查询与定位、通信及收听广播等。PDA 产品逐渐以多种技术和功能的融合为发展方向,为用户的工作提供更多的便利。

6.2.1　子系统平台及开发环境

操作系统与硬件配置。PDA 的操作系统主要包括 Palm OS 、Linux OS、EP-OC 和 Pocket PC 等。通过对几种操作系统在中文的支持程度、操作系统对应的产品、市场上支持操作系统的产品的性能、程序开发环境等方面进行分析比较,以及结合项目需求,选择 Pocket PC 系列产品中的 PPC2003 版本作为移动客户端的操作系统。Pocket PC 是为各种嵌入式系统(产品)设计的一种压缩操作系统,具有开放式、模块化、支持多进程的特点。其最大的特点是能与一般的 PC 标准平台有效同步,并为用户提供了良好的开发环境。掌上电脑的硬件指标主要包括 CPU 的频率、储存器容量、显示效果、扩展能力、电池寿命、信息传输以及部件的耗电量等。对复杂工作环境下的保障数据管理系统而言,更关心系统功能、电池寿命、储存容量等方面的性能指标。通过对各指标的综合比较,确定了以联想天玑 XP208(图6-5)作为子系统的硬件平台。该型号在各项性能指标满足系统需求的同时,具备较强功能,价格较低,适合在我军基层保障部门大量配置。

图6-5　联想天玑 XP208

系统开发环境。考虑到基于 PPC 系列平台的移动设备功能相对较强、兼容性出众,选用面向该系列平台的. NET CF(Compact Framework)为开发环境及其附加的数据库组件——SQL Server CE 提供程序——完成了本移动数据管理项目的开发。

1. NET CF 简介

. NET Framework 称为"用于 Web 服务的 Microsoft 平台",它特别有利于用 XML Web 服务建立应用程序。而. NET CF 是完整桌面版. NET Framework 的一个轻型版本,包括完整. NET Framework 基类库的一个兼容子集,以及少量移动设备专用的新类,是微软公司专门为设计能有效运行于小型设备上的程序而提供的有力工具。它通过提供公共语言运行库的对 ASP. NET 的支持,并提供了移动设备专用的 SQL Server CE 数据库和针对各类型设备的仿真器,使得复杂移动平台项目的开发更加容易。. NET CF 可支持 PPC、PPC2002、PPC2003、WinCE. NET4.1 以上众多版本的操作平台,较以前的 Embedded Tools 系统工具兼容性更好。

2. 数据管理

基层保障数据管理系统的关键在于移动设备的本地数据管理与远程数据访问。.NET CF 不支持 CEDB 数据库引擎,开发移动数据管理程序有两种选择:一是使用 ASP. NET 移动控件来开发移动应用程序,即交互式浏览器页面,要求移动设备长期处于网络连接状态;二是使用 SQL Server CE 数据提供程序进行开发,可以使用本地访问、对企业服务器远程访问和 SQL XML 等技术。这种方案允许移动设备更多的时间处于离线状态,间歇与服务器连接。

根据本项目的需求,移动数据管理系统通常在野外环境使用,大多时间处于网络中断状态。在网络连通时,各移动客户端才能与装备机关的服务器进行远程数据交互。因此选用第二种数据管理方案,采取 RDA(Remote Data Access)架构来具体实现。用 SQL Server CE 提供程序的 RDA 架构来具体实现移动设备的数据管理。SQL Server CE 是运行于移动设备的一个简化的关系型数据库,使用兼容的数据类型向上兼容 SQL Server,适合于资源有限的移动设备。在它的新版中,允许通过. NET CF 中的 System. Data. SqlServerCe 命名空间中的类访问存储在本地数据库中的数据,以及远程访问企业级服务器的数据。

基于. NET CF 的 RDA 架构数据管理实现方案如图 6 – 6 所示。移动客户端对本地数据进行操作与控制,具体是通过使用其命名空间 System. Data. SqlServerCe 中所包含的类来实现的,对远程数据的访问是依据其 RDA(Remote Data Access)体系结构来完成。虽然 RDA 是 SQL Server CE 为远程数据访问提供的方法中相对简单的一种,其结构及配置方法仍比较复杂,相应的这种体系结构也具有很高的安全性。对远程的数据访问需要经过多道身份与权限的验证,保证了数据传输的安全可靠。

6.2.2 数据采集系统的功能分析与设计

1. 保障数据采集需求

在对某型自行高炮使用部队进行调研的基础上,结合仿真评估的需要,确定系统所需采集的装备作战单元保障相关数据,包括故障单元名称、单元编号、故障时间、已工作时间、故障模式、故障环境、维修任务编号、维修级别、修理时间、修复时间、修理人员、器材消耗、战斗编号、所属部别、记录时间。采集的项目大

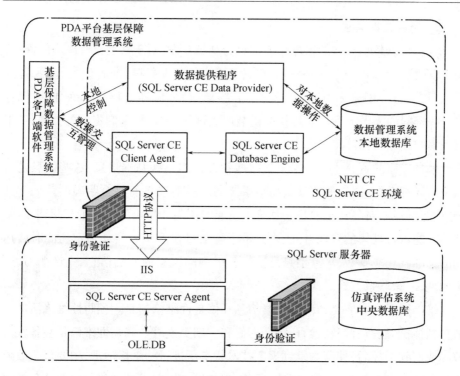

图6-6 基于.NET CF 的 RDA 架构数据管理实现方案

致分为故障相关与维修相关两类信息。

故障相关包括:故障时间是单元故障发生的具体时刻,已工作时间是指该单元的自上次更换后的到故障期间的广义工作时间;故障模式是产品故障的表现形式。故障环境是发生故障时装备作战单元所处的地点和状态,如车场训练、拉练、打靶等;战斗编号是故障单元所属单装的编号;部别是装备所属部队单位;记录时间是该条保障信息录入系统的时刻,这对于基层用户不可见,便于机关用户检查数据真实性。

维修相关包括:维修任务编号是指该故障对应维修任务的编号,用于在维修任务信息表中查找资料;维修级别包括基地级、中继级和基层级三级;修理时间是指维修间隔,修复时间是指维修完成的时刻;修理人员包括修理人员的数量、级别,通常包括维修工,技师,工程师;器材消耗包括备件、工具、器材的使用情况等。

2. 资料查询需求

本系统以某型高炮的保障相关资料为基础开发,对于某型自行高炮的资料,按资料的存储形式分为文字资料、图片资料、多媒体资料(前者为主,后两者为辅)。按资料的用途分为基本信息介绍、维修资料、保养资料和训练、使用规范等。按资料的来源分为厂家提供的随装原始资料、装备机关制定的各类规范、基层采集的使用与保障工作记录。

来自厂家的资料主要是指某型高炮各部件的一些基本信息,这些信息是对系统的详细介绍,用于使用某型高炮系统的人员对装备有一个明确的认识。其中:功能描述是对各选定项目在系统中所起的作用和担负的任务进行阐述,对实现的功能进行具体的解释;性能指标是指各项目在系统中实现预定功能时所达到的标准及相应参数,厂家信息是生产各级别的厂家的介绍信息、生产能力、厂家地址、厂家联系方式。

维修资料类主要是预防性维修信息和修复性维修信息。预防性维修活动一般包括擦拭、润滑、调整、检查、定期拆修和定期更换等。修复性维修是装备发生故障或遭到损坏后,使其恢复到规定技术状态所进行的维修活动,主要包括故障定位、故障隔离、分解、更换、再装、调校、校验以及修复损坏件等。参照装备机关制定的预防性维修大纲中的规定,可以获取维修单元信息、工作内容、技术要求、操作要领、维修间隔期或时机、维修级别、维修工时、维修人员、器材消耗、维修费用、修理流程方法、检查标准的相关信息等。其中:维修单元是故障发生以及维修人员对其实施维修活动的最小部件单位,在修复性维修的过程中,一般都是采用换件修理,用备件编号来快速准确地查找备件,有利于备件的统计和收发。维修间隔期或时机是指大纲中规定的定期实施保养活动的时间与场合,如半年或是每次训练前、打靶前。修理流程方法是对出现的故障分析和解决时操作的步骤和应注意的问题。检查标准是对保养工作的检查和验收的依据。

3. 基层数据管理系统

主要包括移动数据库与客户端软件两个部分,如图 6 - 7 所示。

(1)移动数据库。运行在移动设备上的小型关系程序库,客户端软件各模块在此基础上运行。它在与服务器断开期间可以保存在缓存中或是闪存中独立工作,长期保存,用以接收从数据服务器中下载的客户端运行所需的数据表。另外,可根据系统的需要在数据库中建立本地数据表,如采集数据表、系统设置信

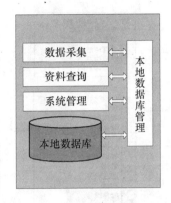

图 6 - 7　基层保障数据管理系统功能组成结构

息等。

（2）客户端软件。移动客户端软件采取模块化设计,可根据需求扩展功能。包含如下四个功能模块:

① 技术资料查询模块。通过将所需的数据库从服务器下载到本地数据库,供基层装备使用与保障人员在工作现场用笔触式输入方式进行交互式查询,使基层保障人员更快捷方便获取保障相关技术资料。通过对技术资料信息的分类,查询界面的通用化设计,资料库可以快速更新与重构,不断扩展可查询范围。

② 数据采集模块。供基层保障人员在工作现场将装备故障与维修等信息录入系统,并在本地保存与维护数据。当有条件进行网络连接时上传新增或修改过的数据,返回数据服务器供装备机关更新基本数据库。

③ 系统管理模块。其功能有移动客户端的系统设置及信息的维护,如密码与网络连接设置信息的修改与保存等。

④ 本地数据库管理模块。包括:对本地数据读/写操作;控制与服务器的连接,实现对指定数据的下载或更新,上传采集数据的控制,数据传输安全验证。

6.2.3　数据库设计

为保证移动平台数据管理系统各功能模块的运行,在本地建立 SQL Server CE 数据库。其中,装备作战单元结构表、各级项目信息表、维修任务表、预防维修表的数据需从数据服务器下载到本地数据库中,各表的结构与服务器中对应表相同。移动数据库结构如图 6 - 8 所示。

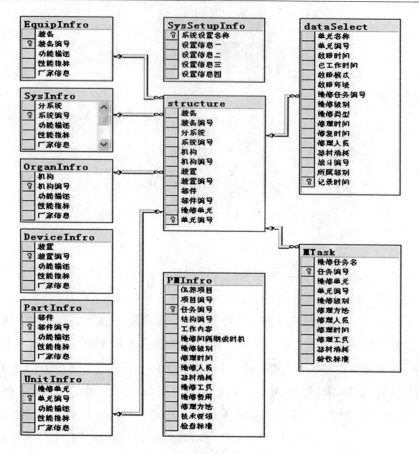

图 6-8 移动数据库结构

1. 装备系统结构表(Structure)

在结构表中,按一般复杂装备系统构成将装备系统分为树状 6 级结构,即装备、分系统、机构、装置、部件和维修单元,为各级项目提供规范编号。它是本地数据库的核心,各信息表以相关编号为主键与结构表中对应级别项目关联。

2. 维修信息表(MTask、PMInfo)

修复维修信息表在修理手册、技术规范等资料基础上建立,包括维修级别、修理方法、修理人员、修理工时、器材消耗、备件编号、验收标准等信息。

预防维修信息表在 FMEA 报告与预防性维修大纲的基础上建立,包括工作内容、维修间隔期或时机、维修级别、修理时间、维修人员、器材消耗、维修工具、维修费用、修理方法、技术要领、检查标准等信息。

3. 采集数据表(DataSelect)

采集数据表用来保存装备使用阶段中现场采集的原始数据,包括故障时间、故障模式、故障环境、维修级别、修理时间、修复时间、修理人员、器材消耗、战斗编号、所属部别、记录时间等。

4. 装备相关信息表(各级 Info)

为提高检索效率,将装备信息分别保存在 6 个级别的子表中。这些信息表在厂家提供的原始技术文档,以及机关制定的各类规范、训练大纲等基础上建立,包含各级别项目所有相关信息。

5. 系统设置信息表(SysSetupInfo)

存储系统管理相关信息,如用户、密码,以及服务器名、IIS 虚拟目录名等网络连接设置信息。

6.2.4　系统的软件实现

本系统选用 SQL Server 2000 作为数据库服务器,具体以 VB. NET 进行开发。程序在 PPC 2002、PPC 2003 操作系统中调试通过。

1. 界面设计

基层数据管理系统主要包括系统管理、数据采集与资料查询三个模块,图 6 - 9 ~ 图 6 - 11 分别为系统开机界面、数据采集界面及资料查询界面。从图中可以看出,PDA 程序开发一个重要的特点是屏幕显示区域小,界面要合理组织,一个功能可能需要对多个页面的操作来完成。另外,程序设计要充分考虑掌上电脑的操作以笔触式为主的特点,减少文字输入,提高用户使用的效率。

图 6 - 10 有四个页面,通过单击各标签切换到各个页面:

(1)故障部件,根据装备、系统、机构、装置、部件、维修单元级别让用户逐级按提示定位故障的维修单元。

(2)故障信息,输入故障相关信息。

(3)维修信息,提供维修相关信息的输入。

(4)数据浏览,对所有保障记录的筛选浏览。

在窗体的下方是记录定位与维护命令按键,当完成前三个页面的输入,单击“ + ”键将数据保存入本地数据库;在浏览页面选择要删除的记录后,激活“ - ”键,单击该键删除当前记录;单击笔形键进行修改。

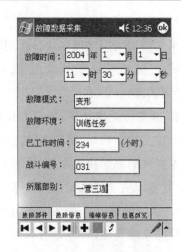

图 6 - 9　系统开机界面　　　　　　图 6 - 10　数据采集界面

图 6 - 11 是保障资料查询模块中的预防保养信息查询的一个页面。资料查询模块包括对修复性维修、预防保养、保障记录等相关信息的查询。在查询模块的起始界面中,用户可以选择逐级按提示定位到维修单元或模糊条件查询两种模式确定要查询的项目,确定项目后即进入如图 6 - 11 所示界面,通过选择需要的信息条目,可以输出特定内容的一条或多条记录。

本地数据库与数据服务器之间的交互,在系统管理模块中实现,该模块还包括账户、网络连接等信息的设置。相关界面这里不详细介绍。

图 6 - 11　资料查询界面

2. 移动设备数据环境配置

数据环境配置是移动数据管理项目实现的重要环节,其配置相对较复杂。远程数据访问需要经过多道安全验证,如 IIS 身份验证、SQL Server 身份验证以及 SQL Server 对象的权限验证。根据安全程度不同有多种配置方案,以 IIS 匿名登录 + SQL 标准验证方式的配置过程为例,具体配置过程如下:

(1) 在已安装 SQL Server CE 插件的条件下进行 IIS 虚拟目录配置,选择匿名方式以 IUSR 来宾用户登录 Windows,不需为 IIS 身份验证提供用户名与密码。

（2）在数据服务器中为 IUSR 来宾用户或另一指定匿名用户（如 Anony-mous）建立登录账户，设置为使用 SQL Server 标准验证。

（3）为这个账户授予对指定的数据库及数据表进行访问、修改或特定操作的权限。

这种方式简单，安全程度也较低。根据保障部门需求，通过选用集成验证、混合验证等配置方案，可以获取更高的安全级别，适应部队保密的规定。

3. 应用实现

本系统在某型自行火炮系统实例的基础上完成开发。本系统的程序开发中最重要部分的是对 SQL Server CE 本地数据库的操作，以及远程数据的传输。下面分别给出相关程序示例。

1）本地数据访问

限于篇幅，只示例本地数据库载入的操作，主要通过对 SQL Server CE 数据提供程序中 SqlCeEngine、SqlCeConnetion、SqlCeDataAdapter 等类的使用来实现的。相关的程序示例如下：

```
' = = = = = = = = 读入维修任务表 = = = = = = =
DimConn As New SqlCeConnection("Data Source =" & PathName & Data-
baseName)
    Try
    Conn.Open()                                 //连接数据库
       SQLStr = "SELECT * FROM PMInfo ORDER BY 任务编号"
       DA = New SqlCeDataAdapter(SQLStr, Conn)   //数据适配器配置,Conn 处
                                                     于连接状态
       CB = New SqlCeCommandBuilder(DA)          //用 SqlCeCommandBuild-
                                                     er 生 成 相 应 的 SqlCe-
                                                     Command 语句

       DA.Fill(DS, "PMInfo")                     //填充 DataSet 对象
       DT = DS.Tables("PMInfo")                  //将维修任务表赋予 DataT-
                                                     able 对象

    Catch ex As SqlCeException                   //捕捉异常
       MsgBox("载入维修任务表不成功!")
    Finally : Conn.Close : Conn.Dispose          //不论数据载入与否都关闭
```

157

Conn 并释放内存

```
End Try
```

为避免反复载入数据表提高运行效率,对于读入内存的数据表,可以利用 DataTable 类的 Select 方法继续筛选与操作:

```
Dim StrSeek As String = "(机构编号 =" + OrganCode + ") and (系统编号 is null)

Dim FindRows As DataRow() = DT.Select(StrSeek)
```

2)数据传输控制

按 RDA 架构完成环境配置后,在程序中使用 SqlCeRemoteDataAccess 对象的特定方法实现数据的传输控制。相关程序示例如下:

```
Dim RDA As SqlCeRemoteDataAccess = New SqlCeRemoteDataAccess

Dim StrCon As String = "Provider = SQLOLEDB; data source = ServerName; initial catalog =" & _

"DatabaseName; Persist Security Info = False; User Id = Anonymous; Password = [Password]"

RDA.InternetUrl = "http://" & IISFolder & "/sscesa20.dll"// IISFolder
```
为 IIS 虚拟目录名

```
RDA.LocalConnectionString = "Data Source =" & PathName// SqlCeRemoteDataAccess 对象配置

RDA.Pull("structure", "SELECT * FROM structure", StrCon)// 使用 SqlCeRemoteDataAccess 对象的 Pull 方法实现远程数据下载
```

借助于.NET CF 与 SQL Server CE 提供的高效移动设备程序开发能力,结合综合保障对装备使用阶段数据管理的要求,建立面向部队基层装备使用与保障人员的移动数据管理系统,适应基层保障工作的复杂环境,对提高基层装备使用与保障人员工作效率,增强部队综合保障能力且有积极意义。

6.3 仿真评估子系统的实现

仿真评估子系统主体主要包括仿真评估软件(仿真前端以及仿真底层)、数据库服务器(图 6 - 12),二者可配置于不同的设备。

评估软件实施对整个系统的控制,保证仿真过程顺利运行,它主要包括三个

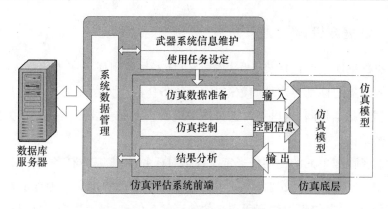

图 6 - 12　仿真评估子系统功能结构

模块。

（1）系统数据管理模块：负责仿真前端与中央数据库的交互，实现装备作战单元相关数据、仿真过程中生成的中间数据与仿真结果的自动存储与管理过程。

（2）仿真相关信息维护模块：包括武器系统信息维护和使用任务设定，为仿真用户提供维护武器系统与使用任务相关信息的软件工具和界面。

（3）仿真模块：包括仿真数据准备、仿真控制与结果分析三个子模块，以及底层仿真模型。仿真数据准备模块从数据库中提取装备作战单元与任务相关的信息，经分析处理，按仿真模型所需格式进行数据处理。仿真控制模块向仿真底层输入仿真初始信息，控制仿真模型的运行与中断，并读取仿真模型的状态数据。读取的状态数据经结果分析模块处理后，最终输出指标的评价值。

其中，仿真底层包括与仿真前端同时安装的 ExSpect 的 COM 对象与仿真相关模型，模型由建模人员预先建立，对具体指标而言，各模型是确定不变的。可根据仿真需求的变化进行修改或增加新模型，对装备系统使用阶段其他指标进行仿真。

数据服务器是整个系统运行的基础，各个客户端及各仿真评估软件实例通过数据服务器联系在一起。服务器中存放所有原始资料信息、分析处理的中间结果、仿真准备数据以及仿真结果、评估结果等系统数据。对服务器的配置主要包括数据传输控制与权限管理。预先为各移动客户端及各仿真评估系统实例设置相应的访问权限；对客户端的数据传输申请进行身分权限验证，提供下载；对上传的数据进行分析处理。

6.3.1　数据库设计

中央数据库主要包括装备作战单元信息表与使用任务相关信息表两部分。为便于服务器与移动客户端的数据交互,装备作战单元信息表的内容及关联与移动数据库基本相同,这里不再进行详细说明。下面主要介绍任务相关信息表的内容及结构。

对装备作战单元的使用任务定义包括对任务序列、基本任务、基本任务涉及功能模块、功能模块涉及装备作战单元分系统等信息的定义。为保证对每次仿真过程的复现,存储每次仿真所定义的使用任务信息,将上述定义信息存储在多个数据表中,如图6-13所示。

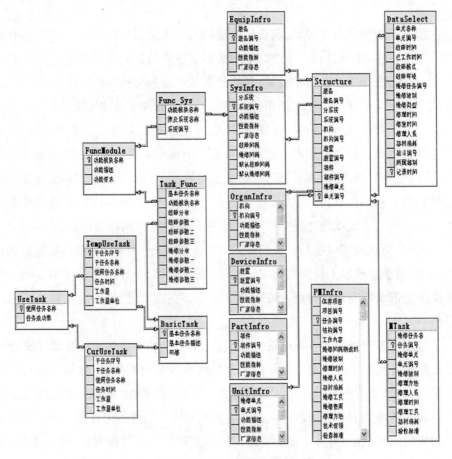

图6-13　中央数据库结构

（1）功能模块定义。对功能模块的定义由功能模块表（FuncModule）、功能_系统表（Func_Sys）、系统信息表（SysInfo）中储存的信息构成。功能模块表保存定义的所有功能模块，包括功能模块名称、功能要求等信息。功能_系统表包含功能模块与分系统的对应关系。系统信息通过与结构表的关联，将任务相关各表与数据采集表、维修任务表连接到一起。

（2）基本任务定义。基本任务表（BasicTask）表与任务_功能表（Task_Func）中包含的信息完成了对装备作战单元基本任务库的定义。基本任务表包含基本任务名称及其任务特性等信息。任务_功能表包含每个基本任务与其涉及的功能模块的关联。

（3）使用任务定义。使用任务的信息包含在使用任务表（UseTask）、子任务表（CurUseTask）中。使用任务表中包括定义的使用任务及其仿真结果。子任务表存储所有使用任务的子任务，包括子任务名称、任务序号、任务时间、任务量等信息，子任务对应基本任务表中的一个记录。当前任务表（TempUseTask）是为程序需要而提供的，临时存放系统当前操作的使用任务的子任务集，处理完后存入子任务表。

6.3.2　系统软件实现

装备作战单元仿真评估系统包括装备作战单元信息采集、管理与仿真等子系统的一个完整的评估环境，通过设计新的仿真模型、增加新的评估子系统可以容易实现对更多使用阶段指标的评估。因此，系统的兼容性、可扩展性是开发环境的选择与具体程序开发过程中需要重点考虑的因素。

1. 开发环境

考虑到与 PDA 客户端更好地兼容以及系统的扩展性，本系统以 VB. NET 为开发工具，以 SQL Server 2000 数据库与 ADO. NET 数据提供程序构建数据环境，完成仿真评估系统的设计与开发。

与 VB 以前的版本不同：VB. NET 是全新构建的面向对象的语言，具有封装、继承与多态性；实现了对类库的继承以及对象的重载；支持多线程，以创建多线程可缩放的应用程序；支持结构化异常处理。与其他兼容语言一样：VB. NET 程序代码由编译器转换成中间语言，由公共语言运行环境（Common Language Runtime, CLR）最终运行，在内存管理、安全性上有很大提高，程序的执行速度也较旧版解释执行方式提高。

. NET 数据访问服务的改进包括新的 CLR 数据类型、. NET Framework 基础类库以及将 ADO 改造成更强大的切断模型 ADO. NET。ADO. NET 使用 Web 思想设计,尤其是它的断开连接的数据管理,它支持断开连接的数据操作(如更新、插入及删除)。与旧版本 ADO 中的记录集用于已建立连接的数据访问不同,ADO. NET 采用的数据集对象,是可以通过数据适配器而使用数据库文件中的数据来填充的本地数据缓冲器。非连接数据访问大大扩展了服务器数据访问与操作的可缩放性,迅速提高应用程序的并发用户数量。因为主要的数据操作在本地内存中的数据上完成,也提高了程序的运行性能。

2. 系统界面设计

实现的仿真评估系统软件包括武器系统保障信息管理、使用任务定义以及仿真三个功能子系统。下面分别举例介绍各子系统的界面与运行。

1) 保障信息管理子系统

应用了 ADO. NET 可以更好地实现程序的模块化设计,对十几个数据表的维护可以缩减到一个窗体中实现。图 6 – 14 是为装备作战单元保障信息管理子系统界面,主要包括三个部分。

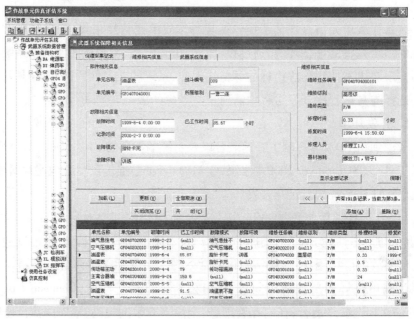

图 6 – 14 装备作战单元保障信息管理子系统界面

（1）数据维护区：提供了装备作战单元保障采集记录、武器系统信息、维修信息的三个维护模块。其中：武器系统信息维护模块包括构成信息与各级项目信息两个维护页面；维修信息维护模块包括对故障维修信息、预防维修信息两个页面。图中当前维护页面是保障相关记录，主要包括部件、故障与维修三个方面的相关信息。

（2）控制按键：可以对所有数据表的维护实施控制，通过切换数据页面，控制按键的控制对象也同时更换为对应数据表。右边的控件的操作对象是保存在本地内存中虚拟数据集，包括浏览控制条与"添加""删除"与"取消"等控制数据存储的命令按键；左边的"加载""更新""全部取消"控制按键则主要是实现与服务器数据源表的交互，如将数据填充到数据中，或是一次将所有的更新内容发回源表。

（3）浏览区：以表格形式显示当前操作的数据表，利用表格可以快速浏览记录，并通过选择其中的行或是单元格直接定位到该条记录。用"浏览/关闭"按键可以显示或隐藏浏览区。

图 6-15 中的当前数据维护页面是系统构成信息。在这个页面中，用户可以输入并修改装备作战单元的结构信息，并通过右边树形图预览整个装备作战单元的树状构成。根据数据库关联的设计，在输入新的结构信息时，所选择输入的各级项目必须已先在对应级别项目信息表中定义。因此，可以通过单击树形结构图中的现有项目节点，即可以编辑该项目的下层结构。需要值得注意的是，部分维修单元缺少中间层次，直属更高级别项目。

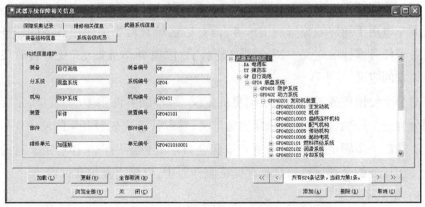

图 6-15　装备作战单元构成信息维护界面

2）使用任务定义子系统

图6-16为使用任务定义模块界面。对使用任务的定义由低到高包括三个层次，对应于图中功能系统、基本任务以及使用任务的定义页面。

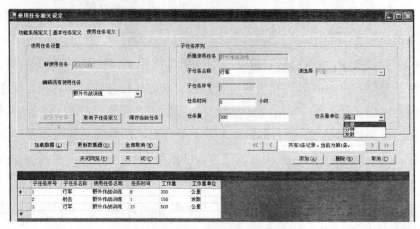

图6-16　使用任务定义子系统界面

（1）功能系统定义。包括两部分：一是对装备作战单元在任务剖面下所有功能模块的分析与定义；二是对现有功能模块与装备作战单元构成之间关联的描述，即对功能模块涉及的分系统进行说明。

（2）基本任务定义。包括两部分：一是通过对装备作战单元各类型任务的分析与分解，确定所有最简单不可分的基本任务；二是定义完成基本任务所需功能模块。

（3）使用任务定义。在前面定义的功能模块与基本任务的基础上进行。定义页面左边用于新建或编辑使用任务，而右边区域是对当前使用任务的任务序列及各子任务属性的定义。浏览区中显示了对"野外作战训练"任务各阶段的任务要求的定义。

对整个使用任务各方面要素信息的定义，牵涉的方面很多。通过将定义过程划分为三个层次，由低到高依序实施定义，可以快速完成对复杂的使用任务的设定。在前一步骤定义的项目，下一步骤会自动提供给用户选择。定义过的每一个使用任务的全部属性信息都存储在服务器中，以供重复仿真过程。

3）仿真子系统

在仿真子系统中用户最终完成对特定使用任务剖面下装备作战单元的仿真

评估。通过分别调用使用可用度与任务效能仿真模型,控制 CExServ 对象的仿真进程,对仿真结果的分析,可以获取指标评价值。图 6 – 17 为仿真子系统界面。

图 6 – 17　仿真子系统界面

仿真子系统界面较简单明了:加载数据库后,将现有已定义的使用任务填充入上面的组合框中供用户选择;选择要仿真的使用任务后,后台的仿真数据准备模块依序从数据库中检索所有相关信息进行分析与处理,并将整理好的仿真相关信息以及转换为仿真模型输入格式的数据显示在树形浏览控件及文本框中,供用户在仿真前检验数据的准确性;下面区域是仿真的控制按键及仿真结果的输出。使用可用度仿真的界面与此类似,这里不再进行介绍。

3. 程序实现示例

仿真评估系统的程序实现中,主要的工作是对数据库的操作,由于涉及数十个数据表,且关联复杂,程序开发工作量较大。对 ADO. NET 的应用简化了开发过程,大大缩短了开发时间。限于篇幅,这里不一一示例。

程序实现过程中的难点与关键点包括:对装备作战单元仿真相关信息的分析与处理;仿真数据准备模块的程序实现;对仿真底层的控制的实现。其中,对 ExSpect 环境提供的 COM 对象 CExServ 以及仿真模型实施的仿真控制,是系统得以实现最关键的部分。相关程序示例如下：

```
Public WithEvents ExObj As EXSERVLib.CExServ      //声明 WithEvents 变量
Private Sub SimRun()
ExObj = New EXSERVLib.CExServ
Call ExObj.Init(PathName, ModelName, SysName)     //模型初始化
Call ExObj.ProduceToken("IniSys", StrSys, 0)      //向 IniSys 库所输入
                                                    初始信息
Call ExObj.ProduceToken("IniTask", StrTask, 0)    //向 IniTask 库所输入
                                                    初始信息
ExObj.Continue()                                   //仿真底层进程开始
Sleep(SleepTime)                                   //仿真前台进程挂起
ExObj.Pause()
Call ExObj.SaveState(PathName & "\RunState.cfg")  //保存当前模型状态
Call ExObj.TracePlace("Fail")
Call ExObj.TracePlace("Succ")                      //TracePlace 方法引发
                                                    ExObj 对象的 Pres-
                                                    ent 事件

End Sub
```

ExObj 对象的 Present 事件处理程序示例如下：

```
Private Sub ExObj_Present(ByVal TokenID As Integer, ByVal Place As
String, ByVal Time As Double) Handles ExObj.Present
GetValue = ExObj.GetTokenValue(TokenID)           //读取所跟踪库所的当
                                                    前状态值
If Place = "fail" Then: Fail = GetValue
Else:Succ = GetValue
End If
End Sub
```

通过对类库其他方法与事件的调用和控制，可以实现更复杂的仿真控制，这里不再详细介绍。

6.4 本章小结

本章从基于 PetriNet 装备作战单元战备完好性与任务持续性参数仿真需求

166

分析出发,提出了部队基层数据收集和集中仿真分析环境的总体解决方案,给出了基于移动平台的基层数据收集系统和战备完好性与任务持续性仿真系统的设计方案,开发了相关系统平台,为部队提供了方便实用的维修保障能力分析工具。

第7章　典型火箭炮营维修
保障能力评估应用实例

7.1　面向维修保障能力评估的某型火箭炮营概念模型

7.1.1　某型火箭炮营使用任务模型

某型火箭炮营使用任务模型是对某型火箭炮营使用任务的结构化的描述，包括完成任务持续时间、任务强度、战时维修要求、环境条件和保障条件等。按时序，使用任务通常可以划分为多个阶段，每个阶段任务有不同的任务完成能力要求，其各个阶段任务之间在任务功能系统配置、故障判据及维修单元故障特性等方面会发生变化，不尽相同，每个阶段任务都可称为一个阶段任务，在一个给定的阶段任务中，系统配置、任务是否成功的判据及单元故障特性等是相对固定的。阶段任务的划分可大可小，如果划分后的任务系统配置较复杂，那么也将带来后续分析研究的复杂性问题，因而有必要引出具有最小配置的阶段任务，即基本任务的概念。基本任务是与某型火箭炮营最小功能配置相关的阶段任务。基本任务可以重用，即对于不同的复杂任务，基本任务可以重复出现，只是基本任务描述参数值的不同。本节将某型火箭炮营使用任务(复杂任务)分解为各个基本任务的组合，而不是分解为阶段任务。目的是：为了在充分利用基本任务的重用性的基础上提高使用任务建模的效率。概括地说，某型火箭炮营使用任务模型包括两个层次：一是使用任务的分解，即按时序把使用任务分解为各个基本任务，这些基本任务构成了使用任务的时序关系逻辑模型；二是建立使用任务涉及的所有基本任务的描述模型，主要描述基本任务的工作时间、维修时间以及任务量，基本任务所涉及的装备功能系统及功能系统的工作方式等。下面根据某型火箭炮营使用任务的要求和建模方法，建立其使用任务模型。

根据某型火箭炮营200×年到内蒙古×××和广东×××的实弹演习情

168

况,结合某型火箭炮营任务的执行流程,按照建立某型火箭炮营使用任务模型的方法和要求,建立某型火箭炮营实弹演习任务模型。图 5 – 1 为按照某型火箭炮营实弹演习使用任务一般执行流程进行的基本任务分解。

由图 7 – 1 可以看出:实弹演习使用任务过程比较复杂,可以分解为驻地准备、摩托化行军、远程运输、展开、射击、撤收、入库等多个基本任务。

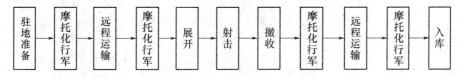

图 7 – 1   实弹演习任务分解

(1)"驻地准备"任务:主要是装备的启封、维护和检查,以及相关的物资和维修器材等一些准备工作。可以认为在该阶段所有待修装备都可修好,装备不工作,在仿真中不予考虑。

(2)"摩托化行军"任务:在整个的任务流程中,涉及了 4 个摩托化行军阶段。该任务主要与火箭炮武器系统的底盘系统相关。

(3)"远程运输"任务:远程输送主要的方式有公路输送、铁路输送、空中输送和水路输送 4 种主要方式。根据演习任务的实际情况,远程运输是指铁路运输。在运输过程中,可以认为装备不工作,在仿真中不予考虑。

(4)"展开"任务:主要是将火箭炮武器系统展开至战斗状态,主要涉及火箭炮武器系统的底盘和火控系统。

(5)"射击"任务:根据射击指令进行射击,主要涉及火箭炮武器系统的火力系统、火控系统等。

(6)"撤收"任务:将火箭炮武器系统从射击状态转换至行军状态,主要涉及火箭炮武器系统的底盘和火控系统。

(7)"入库"任务:主要工作是进行任务归来的擦拭、清洗、维护保养等,在仿真中不予考虑。

根据以上分析,可以将图 7 – 1 所示的"实弹演习任务"简化分解为如图 7 – 2 所示的摩托化行军、展开、射击、撤收和摩托化行军 5 个顺序执行的基本任务。

至此实弹演习任务分解完毕,下面依据任务的简化分解,建立实弹演习任务的基本任务描述模型,见表 7 – 1。

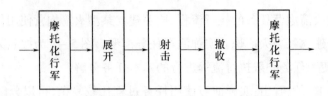

图 7 - 2　实弹演习任务的简化分解

表 7 - 1　实弹演习任务的基本任务描述

基本任务描述参数	摩托化行军	展开	射击	撤收	摩托化行军
基本任务概述	火箭炮武器系统行进	将火箭炮武器系统从行军状态转换至战斗状态	依据接收到的指令进行射击	将火箭炮武器系统从战斗状态转换至行军状态	火箭炮武器系统行进
基本任务涉及的功能系统	各车底盘系统	火箭炮车底盘系统及火控系统	火箭炮车的火控系统和火力系统	火箭炮车底盘系统及火控系统	各车底盘系统
任务工作时间	2.5h	5～15min	15～30min	5～15min	2.5h
维修任务完成时间	考虑到火箭炮武器系统行军的正常速度为 60km/h，最大速度为 80km/h，以及任务的盈余时间等，维修完成时间要小于 40min	由于任务时间较短，可以认为任务期间不考虑维修	射击过程中不考虑维修	由于任务时间较短，可以认为任务期间不考虑维修	考虑到火箭炮武器系统行军的正常速度为 60km/h，最大速度为 80km/h，以及任务的盈余时间等，维修完成时间要小于 40min

　　在分析实弹演习任务的基础上,对其进行了分解,并根据各个基本任务的特点将实弹演习任务简化分解为 5 个基本任务,随后对分解的基本任务进行了描述,最终建立了实弹演习使用模型。实弹演习任务是一个过程比较复杂的使用任务,它所分解的基本任务几乎囊括了某型火箭炮营所有的基本任务,由于基本任务可以重复使用,所以某型火箭炮营其他使用任务都可以由图 7 - 1 所分解的基本任务的组合来描述。例如,野外拉练任务可以分解为驻地准备、摩托化行军、展开、撤收、摩托化行军、入库,再根据野外拉练任务的具体要求按表 7 - 1 就可以建立其基本任务描述模型。

7.1.2　某型火箭炮营功能组成模型

某型火箭炮营功能组成模型是从某型火箭炮营武器系统功能和武器系统组成两个角度对系统的构成做出描述。某型火箭炮营功能组成模型由某型火箭炮营功能模型和组成模型两方面构成。某型火箭炮营的功能模型按照某型火箭炮营武器系统功能—单装功能—单装的功能系统的 3 层结构给出。某型火箭炮营的组成模型按照武器系统—单装—功能系统—机构—装置—部件—维修单元的 7 层结构给出。当然，从单装到可更换单元的层级数，层级可以是 3 级，也可以是 5 级或 6 级等。本节根据武器系统的结构特点确定层级为 6 级。

通过分析某型火箭炮营功能能够给出其所有功能列表，针对其每一种功能，可以分解到具体装备的具体功能。通过武器系统构成结构分析能够建立其完整的组成结构关系。对装备功能进行逐层分解直到功能系统，就可以与某型火箭炮营的组成联系起来，从而在某型火箭炮营的功能与组成之间建立其相应的逻辑关系，即某型火箭炮营的功能组成关系。

1. 某型火箭炮营功能模型

在分析武器系统的功能以及查阅相关资料的基础上，可以得出武器系统及其主要装备的功能，见表 7 - 2。从武器系统功能列表中可以看出武器系统有若干功能，武器系统某项功能是由一个装备或数个装备的相应功能共同完成，而单装的某一功能则是依靠装备中一个或数个相应功能系统来完成的。

表 7 - 2　某型火箭炮营武器系统及其主要装备功能

系统名称	功能	功能说明
武器系统	展开与撤收	将火箭炮武器系统展开至战斗状态及从战斗状态撤收至行军状态
	行驶	利用火箭炮武器系统各车底盘系统按指定要求实施开进、机动、转移、撤收等
	系统检测	利用检测车和各车的机内检测设备对各种装备进行全面的检测
	测地	利用测地车为火箭炮射击指挥提供准确的测地诸元
	气象测量	利用气象车为火箭炮射击提供准确的气象要素(风向、风速、温度、湿度、气压等)
	射击	营指挥车接到上级的射击指令后，根据指令确定射击单位、使用弹种、消耗弹药、目标后将指令传输到火箭炮，火箭炮占领发射阵地后自主解算诸元开始射击
	模拟训练	利用模拟训练装置进行各种作战操作的训练

171

(续)

系统名称	功能	功能说明
指挥车	行驶	利用指挥车底盘系统按指定要求实施开进、机动、转移、撤收等
	收发信息	指挥车接收上级目标信息和下发信息到火箭炮
	弹道计算	利用配置的数据处理设备将收到的目标、测地、气象等信息进行综合处理,进而进行弹道计算
	作战指挥和作战保障指挥	利用有线、无线及有线和无线混合组网于一体的远程多管火箭炮指挥系统实施作战指挥与作战保障指挥
	通话	包括与炮车及配套装备通话和车内成员间通话
火箭炮	展开	将火箭炮展开至战斗状态
	撤收	将火箭炮从战斗状态撤收至行军状态
	行驶	利用火箭炮底盘系统按指定要求实施开进、机动、转移、撤收等
	火箭炮射击	火箭炮收到指挥车的指令并且占领发射阵地后自主解算诸元开始射击
气象车	行驶	利用气象车底盘系统按指定要求实施开进、机动、转移、撤收等
	气象测量	利用车上设备进行风向、风速、温度、湿度、气压等气象要素的测量
	收发信息	气象车上传气象信息和接收指挥车的信息
装填车	行驶	利用装填车底盘系统按指定要求实施开进、机动、转移、撤收等
	装填火箭弹	利用车上设备为火箭炮车或弹药运输车装填火箭弹
	卸载火箭弹	利用车上设备为火箭炮车或弹药运输车卸载火箭弹
测地车	行驶	利用测地车底盘系统按指定要求实施开进、机动、转移、撤收等
	测地	利用车上的定位定向系统以及位置报告仪为火箭炮射击测量方向、方位等测地诸元

2. 某型火箭炮营组成模型

依据武器系统的具体结构,将武器系统组成分解为单装、功能系统、机构、装置、部件、维修单元6个层次。按照这种分解方法对武器系统进行层层分解,直至分解到维修单元,这样就形成了具有6个级别的树形结构,该树形结构就构成了整个武器系统的组成模型。某型火箭炮营武器系统的结构如图7-3所示,将武器系统分解为各个单装。如图7-4所示,以火箭炮为例,由单装继续向下分解,只将将火箭炮底盘系统的一部分分解到维修单元。从图7-4可以看出分解的层次,由单装分解到功能系统(如底盘系统),再分解到机构(如传动系统)、装置(如液力变矩器)、部件(如变矩器),直至维修单元(如泵轮)。从图7-4还可以看出,有的维修单元(如取力器)可能为直属单元,没有一个或几个中间级别。按照单装—功能系统—机构—部件—装置—维修单元的分解顺序,其他装备可以继续向下分解,直至分解到维修单元,至此就可以完成整个某型火箭炮营组成结构分解,为建立某型火箭炮营组成模型打下基础,限于篇幅,不再一一列出。

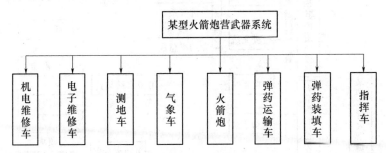

图7-3 某型火箭炮武器系统结构

武器系统组成结构庞大且各层级结构成员数量众多,如果不能理顺各个结构成员的上下关系,将给今后组成数据的使用带来极大的麻烦,因而有必要将武器系统组成模型的数据进行规范化。按照组成模型确定的单装、功能系统、机构、装置、部件、维修单元6个层次的顺序依次进行编号,依次整理,也可达到规范数据的目的。某型火箭炮营组成模型的实例见表7-3。

表7-3 某型火箭炮营武器系统组成模型实例

单装	火箭炮	火箭炮	火箭炮	弹药装填车
装备编号	YH	YH	YH	DY
功能系统	上装	上装	底盘系统	底盘系统
系统编号	YH02	YH02	YH06	DY 03
机构	回转机	回转机	动力系	传动系
机构编号	YH0203	YH0203	YH0602	DY 0304
装置	轴承座	轴承座		液力变矩器
装置编号	YH020302	YH020302		DY 030401
部件	盖	盖	低温启动装置	
部件编号	YH02030201	YH02030201	YH06020005	
维修单元	压套	密封圈	输液管	取力器
单元编号	YH0203020101	YH0203020102	YH0602000504	DY 0304010006

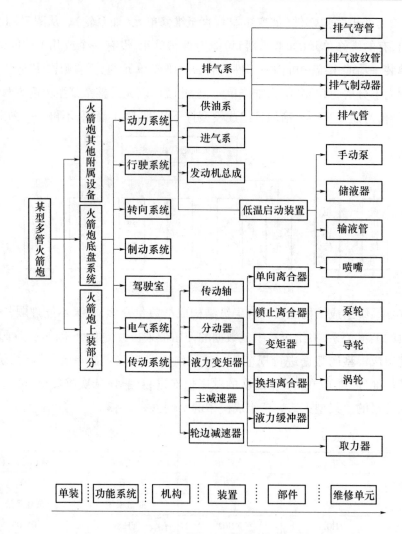

图 7-4　火箭炮结构分解(部分)

3. 某型火箭炮营功能组成关系

在建立某型火箭炮营功能模型、组成模型的基础上,建立某型火箭炮营功能组成关系,从而使武器系统的功能与武器系统的结构联系起来,为从装备功能与组成的角度研究装备系统的使用、维修等各方面之间的关系提供有力的支撑。图 7-5 是以某型火箭炮营的"行驶"功能为例建立的某型火箭炮营"行驶"功能组成关系。图 7-5 中将武器系统的组成结构分解到功能系统,将武器系统的"行驶"功能分解到对应的单装功能,从而建立某型火箭炮营"行驶"功能组成关系。
图 7-5 中只建立了火箭炮的功能组成关系,其他装备的功能组成关系限于篇幅没
有列出。实际上,应建立武器系统所有单装的"行驶"功能组成关系,某型火箭炮
营"行驶"功能组成关系完全建立起来。同理,针对武器系统的其他功能,均可建
立武某型火箭炮营的某项功能的功能组成关系。在武器系统所有功能的功能组
成关系建立完毕后,某型火箭炮营的功能组成关系也就完全建立起来。

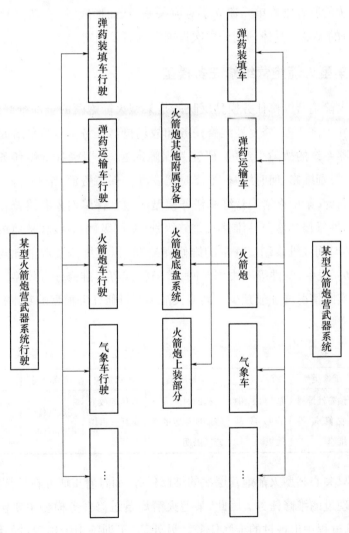

图 7-5　某型火箭炮营"行驶"功能组成关系(部分)

需要说明的是：上面是将武器系统的组成结构分解到功能系统级别，实际上组成结构可以继续分解甚至到维修单元。仍以图 7-5 为例，如果将火箭炮分解到机构级别（如火箭炮底盘系统的七大机构），这样也可以建立火箭炮"行驶"功能组成关系。此时，火箭炮的行驶功能与底盘系统的七大机构（如动力系统等，见图 7-4）建立了对应关系。也就是说，火箭炮的行驶功能主要依靠这七大机构完成。如果将火箭炮的组成继续分解到维修单元，那么火箭炮的行驶功能就与底盘系统的所有维修单元建立了对应关系，从而形成了一（功能）对多（相关维修单元）的关系。具体的划分层次根据实际需要确定。

7.1.3　某型火箭炮营维修任务模型

某型火箭炮营维修任务模型反映的是某型火箭炮营的全部维修任务集合，包括预防性维修任务、修复性维修任务和战场抢修任务。维修任务是由某型火箭炮营武器系统的故障引起的，研究其保障问题，要明确各维修任务的维修类型、在什么级别维修、何时维修、维修时需要哪些保障资源、维修时间、故障环境等情况。因此，某型火箭炮营维修任务模型应包括保障对象各维修任务的维修类型（预防性维修和修复性维修）、维修级别（基层级、中继级和基地级）、维修时机（随机的时间或维修制度规定的维修间隔期）以及维修资源消耗与维修资源占用（人员、设备、备件等）、维修时间、故障模式等。维修任务模型的描述参数可以根据实际情况增加或减少。某型火箭炮营维修任务模型的基本描述参数见表 7-4。

表 7-4　某型火箭炮营维修任务模型的基本描述参数

描述参数	维修类型	维修级别	维修时机	维修资源	维修时间	故障环境
描述内容	预防性维修或修复性维修	基层级、中继级或基地级	随机的时间或维修制度规定的维修间隔期	具体的数量消耗或占用时间	完成维修所用的时间	故障发生的地点，如训练场或战场等

本节只关心某型火箭炮营层次的维修任务，而且着重研究在日常使用、训练过程中出现过的维修任务。因此，某型火箭炮营维修任务模型主要包含在日常使用、训练过程中出现过的维修任务。另外，对于训练中未出现过的维修任务，可根据其危害程度和出现可能性的大小选择一些比较重要的维修任务。维修任

务相关信息通常由厂家或使用单位提供的报告、预防维修大纲等技术资料,以及装备使用单位现场采集的保障相关数据取得。一般来说,通过技术资料获得的维修任务信息较为规范,通过装备使用单位现场采集的数据要素更多,但需要进一步规范其数据格式。

综合考虑各方面的因素,确定某型火箭炮营维修任务模型的描述参数,如故障时间、已工作时间、故障模式、故障环境、维修级别、维修类型、修理所用时间、修理人员占用、修理工具占用、修复时间、车辆编号、所属类别等。对于这些描述参数,某些描述参数可以为空。根据确定的描述参数和维修任务就可以建立维修任务模型。某型火箭炮营维修任务实例见表7-5。

表7-5 某型火箭炮营维修任务实例

单元名称	药温显示板
单元编号	YH0211090003
故障时间	2005-7-5 10:40:00
已工作时间/h	275
故障模式	显示屏不显示
故障环境	炮场训练
维修任务编号	YH021109000302
维修级别	基层级
维修类型	M
修理时间/h	0.15
修理人员	修理工1人
修理工具	扳手1个,十字槽螺钉旋具1个
修复时间	2005-7-5 16:00:00
车辆编号	02
所属部别	1连

7.1.4 某型火箭炮营维修保障系统模型

对于某型火箭炮营维修保障系统,可通过过程模型来描述其运作过程。维修保障系统运作过程需要相应的组织单位与角色、一定种类和数量的保障资源、需要了解各组成功能的分解结构及各部分之间的信息需求关系,因此需要建立过程模型、资源模型、组织模型、功能模型与信息模型。过程模型是对业务过程的一种规范细致的描述,通过定义各组成活动及其活动之间的逻辑关系来描述所研究的业务流程。资源模型主要描述资源的结构与组织,包括资源的分类、资源实体的属性以及资源的组合。其中,维修保障资源包括人力与人员、供应保障、保障设备、技术资料、训练与训练保障等八类。组织模型主要描述组织单元与组织单元之间的关系。应用最为广泛的是建立组织结构的层次树。功能模型主要是通过对维修保障系统的目标或任务分解,来描述维修保障系统是通过哪些功能活动完成的。信息模型主要是收集功能模型、资源模型和组织模型中的信息的数据结构和关系,为过程模型服务。

由以上分析可以看出,要完整地描述某型火箭炮营维修保障系统模型比较困难,本节将维修保障系统模型做简化处理,用设备、备件和人员三种主要保障资源的等待时间来表征其保障能力问题。在执行任务过程中,设备、备件、人员保障资源不能满足要求时就需要等待,因而需要确定它们的等待时间。由于进行仿真,所以还需要确定等待时间所属的分布。

针对这种情况,进行如下假设:

(1)备件、人员、装备的等待时间都服从指数分布。

(2)备件、人员、设备在使用任务过程中都能在中继级(或炮兵群维修保障基地)得到满足。

(3)备件、人员、设备的运输速度为60km/h。

(4)车辆在行军途中发生故障的地点服从均匀分布。也就是说,车辆在行军途中任一地点发生故障的概率是相同的。

根据假设(2),保障资源的请领时间比较短,可以忽略不计,因而只考虑保障资源的划拨时间即运输时间。在行军时,设行军途中故障点到维修保障基地最远距离为S_{max},到维修保障基地的最近距离为S_{min},由于故障地点服从均匀分布,若设故障地点到维修保障基地的平均距离S_{ave},则$S_{ave}=(S_{max}+S_{min})/2$,所以行军途中的保障资源的等待时间为行军路途的平均运输时间。到达阵地后,保障资源的等待时间为炮兵群维修保障基地到阵地的运输时间。

若设炮兵群维修保障基地到阵地的距离或到行军路途的平均距离为S(单位为km),备件、人员、设备的等待时间分别为T_{part}、T_{person}、T_{equip}(单位为h),则有

$$T_{part} = S/60 \tag{7 - 1}$$

$$T_{person} = S/60 \tag{7 - 2}$$

$$T_{equip} = S/60 \tag{7 - 3}$$

7.2　某型火箭炮营可靠性、维修性、保障性数据处理分析

7.2.1　数据需求分析

由于仿真评估系统是基于数据库中的数据运行的,因而有必要研究数据库到底需要什么数据以及哪些数据需要处理后才能使用。数据库需要的数据在第5 章设计数据库时分析,哪些数据需要处理后才能使用的问题是本节分析的重点。这些数据简称数据需求。进行数据需求分析,就应分析某型火箭炮营综合保障能力评估模型的数据要求以及模型之间的信息流关系。某型火箭炮营使用任务模型需要任务约束数据,如任务时间、最大允许维修时间、任务量等,这些数据随着使用任务的确定而确定。也就是说,只要确定了使用任务,就确定了与之相对应的参数。维修任务模型需要维修时间、维修级别、维修类型、故障环境等数据,由于一个维修单元可能多次发生故障,因此同一个维修任务的维修时间不会完全相同。维修保障系统模型需要保障资源延误时间以及其他保障资源参数等,其中最需要考虑的是保障资源延误时间。由功能组成模型关联到维修任务模型就需要知道功能组成的维修单元何时发生故障,也就是需要知道维修单元的可靠性数据。由维修任务模型到维修保障系统模型,维修任务实施后就需要考虑备件、人员、设备是否能够满足要求。若不满足要求,就需要派遣人员或请领划拨备件设备等,考虑维修保障系统。对于维修保障系统,人们最关心的是在这个过程中能用多长时间才能满足要求。也就是说,保障资源的等待时间有多长。

综合以上分析,需要处理的数据为装备的可靠性、维修性、保障性数据三大类。为了更好地进行仿真,需要知道各个参数所属概率分布情况。具体来说:数据需求为维修单元或功能系统的故障间隔时间及其服从的概率分布;可修复件或系统的维修时间及其服从的概率分布;各种备件、人员、装备等待时间及其服从的概率分布等。由于各个系统或部件的特性不同,其可靠性数据的单位也就不同。例如,可靠性数据单位有发射次数、行驶里程、自然时间等。因此,可靠性数据单位需

要统一,可靠性数据的格式需要进行规范化。经整理,数据需求见表7-6。

表7-6 数据需求

数据种类	数据要求	备注
可靠性 数据	故障间隔时间服从的概率分布	故障间隔时间的 单位需要统一
	故障间隔时间服从的概率分布的参数	
维修性 数据	维修时间服从的概率分布	
	维修时间服从的概率分布的参数	
保障性 数据	备件等待时间	
	备件等待分布	
	人员等待时间	
	人员等待分布	
	设备等待时间	
	设备等待分布	

本节以数据需求为目标到装备使用部队及相关单位调研,广泛收集了大量相关的数据。收集的数据中有厂家提供的武器系统的 RMS 设计信息,也有使用单位提供的大量第一手资料。一般来说,厂家提供的数据较为规范,但也有不足,如厂家并没有给出使用环境和使用强度,不同的使用环境和使用强度会有很大差别。现场收集的数据更真实,更加贴近实际,对装备综合保障能力的评估更具有指导意义。但是,它也有不足:数据比较杂乱,不规范,有的可能要素不全,需要投入更多的时间和精力进行整理分析和处理。

针对 RMS 数据处理需求:保障性数据应用前节的维修保障系统模型确定的数据处理方法进行处理;可靠性、维修性数据处理需求可以归结为确定部件故障间隔时间或维修时间所属分布的类型,以及进一步得出分布的各个参数。因而,有必要研究可靠性、维修性数据的处理方法以提高数据处理的针对性和准确性。

7.2.2 武器系统可靠性、维修性数据处理方法研究

依据上节中确定数据需求以及处理需求,研究确定可靠性、维修性数据处理的方法,主要进行可靠性、维修性数据分布判定方法和已知分布的参数点估计的方法研究。

1. 可靠性、维修性数据分布类型判定方法研究

1) 故障间隔时间分布判定方法研究

确定产品的故障间隔时间分布的方法主要有两种：一是通过实效物理分析，来证实该产品的故障模式近似符合某种类型分布的物理背景，表 7 - 7 给出了符合典型分布的产品类型；二是通过收集的产品可靠性数据，利用拟合优度检验来确定其分布。

表 7 - 7　符合典型分布的产品类型

寿命分布类型	适用的产品
指数分布	具有恒定故障率的部件、在耗损前进行定时维修的产品、由随机高应力导致故障的部件、使用寿命内出现的故障微弱耗损型的部件等
正态分布	车辆轮胎磨损，以及变压器，以及灯泡及某些机械产品等
对数正态分布	电动绕组绝缘、半导体器件、硅晶体管、金属疲劳等
威布尔分布	滚珠轴承、陀螺、电动机、开关、断路器、某些电容器、电子管、磁控管、电位计、蓄电池、机械液压恒速传动装置、液压泵、齿轮、活门、材料疲劳等

拟合优度是指观测值与事先假定的分布（模型）之间的符合程度的数值刻画。常用的拟合优度检验方法有 χ^2 拟合优度检验方法、K - S 拟合优度检验方法和最小二乘法或图估法拟合优度检验法。χ^2 拟合优度检验方法适用于样本较多的情况，且计算繁琐。K - S 拟合优度检验方法根据试验方案的不同，样本量不同，需要查阅各种不同的表格。

最小二乘法可以求出线性回归直线和相关系数，并可用绘图软件把试验数据与线性回归直线绘制在一起，可以方便看出拟合程度的好坏，尤其是采用相关系数可以定量描述拟合程度的优劣，但它需要在假设分布的条件下求出与数据相对应的分位数的值。图估法与最小二乘法相似，主要区别是图估法需要在概率纸上手工作业，效率和准确度都不如最小二乘法。综合比较以上拟合优度检验法，采用最小二乘拟合优度检验法进行寿命分布的判定。

综合以上分析，确定产品的故障间隔分布方法：首先根据应用可靠性数据的历史信息和产品以往的故障模式与失效机理方面的分析，假定可靠性数据可能的分布情况；然后用最小二乘拟合优度检验法判定数据是否来自所选择的总体分布，综合比较分析确定其分布的类型。

2）维修时间分布判定方法研究

实践证明，某一或某型装备的维修时间可用某种统计分布来描述。常用的维修时间分布有指数分布、正态分布和对数正态分布。

指数分布显著的特征：修复率为常数，表示在相同的时间间隔内，产品被修复的机会也相同。该分布适用于经短时间调整或迅速换件即可修复的装备，如电子产品。

维修时间用正态分布描述时，即以某个维修时间为中心，大多数维修时间在其左右对称分布，时间特长和特短的较少。正态分布可用于描述单项维修活动或简单的维修作业的维修时间分布，但这种分布不适合描述较复杂的整机产品的维修时间分布。

对数正态分布是一种不对称分布，其特点：修复时间特短的很少，大多数项目都能在平均修复时间内完成，只有少数项目维修时间拖得很长。各种复杂的装备，修复性维修时间分布遵从对数正态分布。若设维修时间的对数 $\ln t = Y$，且 Y 服从 $N(\theta, \sigma^2)$ 的正态分布，则称维修时间 t 具有对数均值为 θ 和对数方差为 σ^2 的对数正态分布。对数正态分布的维修时间 t 的均值：$\overline{M} = e^{\theta + \frac{1}{2}\sigma^2}$，对数正态分布的维修时间中值 $\widetilde{M} = e^{\theta}$。

综上所述，对于维修时间的分布情况，主要在指数分布、正态分布和对数正态分布中选择。依据不同系统维修时间的特性，假定维修时间可能服从的分布类型，然后用最小二乘拟合优度检验法判定数据是否来自所选择的总体分布，综合比较分析确定其分布的类型。

3）最小二乘法

若两变量呈线性关系，按最小二乘法可得到一条偏差最小的回归直线。若它们不呈线性关系，可通过必要的变量代换，进行线性化处理，这样就可以用最小二乘法解决非线性问题。对正态分布、对数正态分布、威布尔分布等进行线性化处理，然后用最小二乘法求得回归直线和相关系数，以此来判断数据符合某种分布的程度，还可以根据回归系数的估计值来估计分布函数的参数。

（1）正态分布。由正态分布函数知

$$F(t_i) = \Phi\left(\frac{t_i - \mu}{\sigma}\right) = \Phi(Z_i) \tag{7-4}$$

$$t_i = \mu + \sigma Z_i \qquad\qquad (7-5)$$

则式(7-5)相当于回归方程,即 $y = a + bx$。

(2) 对数正态分布。对数正态分布的分布函数可写成

$$F(t) = \int_{-\infty}^{\frac{\lg t - \mu}{\sigma}} \frac{1}{\sqrt{2\pi}} e^{-\frac{x^2}{2}} dx = \Phi\left(\frac{\lg t - \mu}{\sigma}\right) = \Phi(Z) \qquad (7-6)$$

其中

$$Z = \frac{\lg t - \mu}{\sigma}$$

则

$$\lg t = \mu + \sigma Z \qquad\qquad (7-7)$$

令 $x = \lg t$,则 $x = \mu + \sigma Z$ 相当于 $y = a + bx$。

(3) 威布尔分布。在 $\gamma = 0$ 时,威布尔分布的分布函数可变换为

$$\ln\ln\frac{1}{1-F(t)} = m\ln t - \ln t_0 \qquad\qquad (7-8)$$

令

$$y = \ln\ln\frac{1}{1-F(t)}, x = \ln t, B = \ln t_0$$

则式(7-8)可写成 $y = mx - B$,即回归方程。对于一组数据 $\left\{\ln t_i, \ln\ln\dfrac{1}{1-F(t)}\right\}, i = 1, 2, \cdots, n$,用最小二乘法可求得回归系数 a、b 和相关系数 r。参数估计值为

$$\hat{m} = b, \hat{t}_0 = e^{|a|} = e^{(b\bar{x} - \bar{y})}$$

2. 分布参数的点估计

在已确定产品故障间隔时间分布或维修时间分布的条件下,可以利用数理统计方法中的点估计来估计寿命或维修时间分布的参数值。点估计的方法很多,主要有矩估计、极大似然估计、最小二乘法及图估计等。对同一个样本来讲,不同的点估计方法得到结果是不同的,并不存在一个在所有情况下都优越于其他估计方法的估计量。矩估计法只能适用于完全样本,但它不要求预先知道样本分布的类型。极大似然估计法、最小二乘法和图估法适合于所有的样本类型,包括随机截尾试验子样,但它们是在已知样本分布的情况下进行的。图估法使用简单方便,但是图估法人为因素影响太大,从这点讲最小二乘法消除了这个缺点。可靠性、维修性数据大部分是现场收集的,而现场收集的可靠性数据,基本

上都属于随机截尾试验数据。根据以上分析,确定进行分布参数点估计主要选用最小二乘法和极大似然估计法(具体计算方法略)。

3. 可靠性数据量纲统一化处理方法

由于各个系统或部件具有不同的特性,因而其可靠性数据的单位也不同,如底盘系统寿命数据的单位为 km、火箭炮定向管寿命数据的单位为发射次数等。因此,依据仿真数据一致性的要求,有必要将不同的可靠性数据的单位统一化。将这些广义工作时间单位单位转换成日历时间单位:

$$T_{日历} = T_{广义}/\lambda \qquad\qquad (7-9)$$

式中:λ 为转换系数。

根据不同的系统和使用方式,在统计资料的基础上确定 λ。例如,底盘系统对应的可靠性数据的单位为 km,根据火箭炮的装备使用规定,正常行军速度为60km/h,则取底盘系统的转换系数 $\lambda = 60$km/h。其他功能系统同理。

7.2.3 武器系统 RMS 数据处理分析

1. 可靠性数据处理分析

1)可靠性数据的初步分析

由于收集的可靠性数据绝大部分是从装备使用部队获得的第一手资料,数据较为繁杂,需要对这些数据进行整理分析。通过整理分析,可以得出影响武器系统可靠性的主要装备,能够使人对武器系统的可靠性状况有宏观的了解,并且通过分析武器系统主要故障装备的故障分布情况,还可以提高维修保障工作的针对性。

确定火箭炮系统的主要故障装备及其原因分析:

通过对收集到的数据进行整理分析,可以得到某型火箭炮营故障数对比,如图 7-6 所示。

由图 7-6 可以看出,火箭炮、弹药运输车、指挥车、装填车以及气象车的故障数占到故障总数的 81%,尤其突出的是火箭炮,故障数达到总数的 36%,可以说这些装备是某型火箭炮营武器系统的主要故障对象。究其原因有两点:一是这些车平时训练使用比较多,如火箭炮车,每次训练都要使用该车,使用时间长了,出现故障的概率也相应提高;二是一些车辆可靠性不高,如火箭炮车,它虽然使用的机会多,但是与它一同训练的车辆没有这么高的故障率,因而可以看出它的可靠性还是相对较低的,需要进行重点预防和改进。

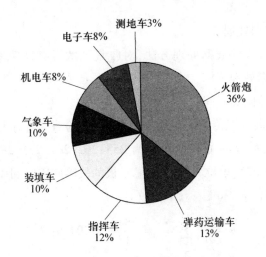

图 7 - 6　某型火箭炮营装备故障数对比

通过分析火箭炮车、弹药运输车、指挥车的故障分布情况,可以确定其故障分布的主要系统,这对于提高武器系统的维修保障工作的针对性是有益的。这里主要分析火箭炮车的故障分布情况。

经统计分析,火箭炮故障分布情况:火箭炮上装部分故障数为火箭炮故障总数的 28%,其中上装主要故障分布见表 7 - 8。由表 7 - 8 可以看出,上装故障主要分布在电气系统、火控系统、机械传动系统、电台和液压系统等;底盘系统为火箭炮故障总数的 72%,其中驾驶系统、电气系统、制动系统、转向系统分别占到上装故障的 70%、10%、5%、5%,由此可知火箭炮底盘系统的故障主要分布在驾驶系统和电气系统。

表 7 - 8　火箭炮上装部分主要故障分布

上装主要构成	故障比率/%
电气系统	22.1
火控系统	14.1
机械传动系统	14.1
电台	11.4
空调	8.1
液压系统	7.4
定向器束	5.4
其他	17.4

2）可靠性数据处理

按照确定的可靠性数据处理方法,对收集到的可靠性数据进行数据处理。下面是可靠性数据处理示例。

（1）确定故障间隔时间分布示例。

① 火箭炮上装药温传感器显示屏不显示,经检查为显示板故障,需更换显示板,收集到的显示板的可靠性数据为 255、262、267、275、289、291、293、295、305、312、322、329、335,单位为 h,确定显示板的故障间隔时间概率分布情况。

首先,计算均值 θ、标准差 s、中位数 t_m:

$$\theta = \frac{1}{13}\sum_{i=1}^{13} t_{(i)} = \frac{3830}{13} = 294.6(\text{h})$$

$$s = \sqrt{\frac{1}{13-1}\sum_{i=1}^{13}(\theta - t_i)^2} = 25.5(\text{h})$$

$$t_m = 293\text{h}$$

其次,比较 θ 与 s、t_m 的关系,可知 $\theta \approx t_m$,再根据药温传感器故障机理,假设该分布为正态分布。

将 $X = [255,262,267,275,289,291,293,295,305,312,322,329,335]$ 输入到正态分布拟合程序中,可得回归直线如图 7-7 所示。其中,回归系数 $r = 0.9804$,所以可确定显示板的故障间隔时间为正态分布。

② 火箭炮随动控制箱高低方向不能同时调炮,原因方位数字板故障。方位数字板的可靠性数据为 90、94、373、404、446、577、984、1654、1848、2414,单位为 h,确定方位数字板的故障间隔时间概率分布情况。

首先,计算均值 θ、标准差 s、中位数 t_m:

$$\theta = \frac{1}{10}\sum_{i=1}^{10} t_{(i)} = 888.4(\text{h})$$

$$s = \sqrt{\frac{1}{10-1}\sum_{i=1}^{10}(\theta - t_i)^2} = 810.0(\text{h})$$

$$t_m = 511.5\text{h}$$

其次,比较 θ 与 s、t_m 的关系,可知属于正态分布的可能性不大。由于方位数字板可以归结到电子器件类型,因此假设该分布为对数正态分布或威布尔分布。

将 $X = [90\ 94\ 373\ 404\ 446\ 577\ 984\ 1654\ 1848\ 2414]$ 分别输入到对数正态分

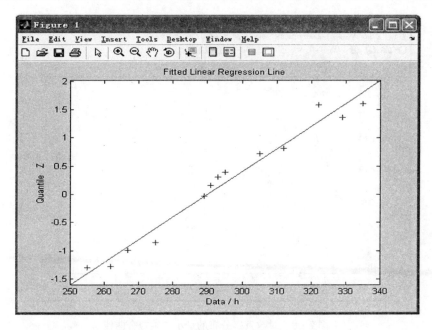

图 7 - 7　正态分布的最小二乘拟合曲线

布和威布尔分布拟合程序中,可得回归直线如图 7 - 8 和图 7 - 9 所示。其中,对数正态分布拟合的相关系数 $r = 0.9735$,威布尔分布拟合的相关系数 $r = 0.9671$。比较相关系数以及对其故障机理的分析,可以确定方位数字板的故障间隔时间概率分布为对数正态分布。

(2) 分布参数的点估计示例。

① 显示板的可靠性数据为 255、262、267、275、289、291、293、295、305、312、322、329、335,单位为 h,已知显示板的故障间隔时间概率分布为正态分布,确定故障间隔时间分布参数的估计值。

采用极大似然估计法,利用 Matlab 软件进行计算,其格式为

$T = [255\ 262\ 267\ 275\ 289\ 291\ 293\ 295\ 305\ 312\ 322\ 329\ 335]$

$[muhat, sigmahat, muci, sigmaci] = normfit(T, 0.05)$

计算结果 $\hat{\theta} = 294.62$,$\hat{\sigma} = 25.50$。同时,可以得到均值和均方差的估计值的置信区间分别为 [279. 2078　310. 0230],[18. 2834　42. 0886](置信度为 95%)。

② 方位数字板的可靠性数据为 90、94、373、404、446、577、984、1654、1848、

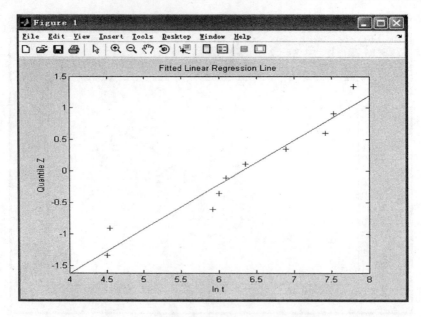

图 7 - 8　对数正态分布的最小二乘拟合曲线

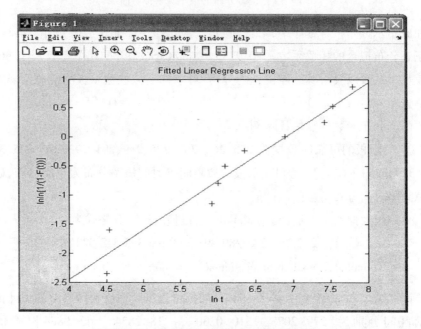

图 7 - 9　威布尔分布的最小二乘拟合曲线

2414,单位为 h,已知方位数字板的故障间隔时间概率为对数正态分布,确定故障间隔时间分布参数的估计值。

采用极大似然估计法,利用 Matlab 软件进行计算。已知由于方位数字板的分布为对数正态分布,需要对其可靠性数据

$$T = \begin{bmatrix} 90 & 94 & 373 & 404 & 446 & 577 & 984 & 1654 & 1848 & 2414 \end{bmatrix}$$

取对数(这里取自然对数),可得

$$X = \begin{bmatrix} 4.4998 & 4.5433 & 5.9216 & 6.0014 & 6.1003 & 6.3578 & 6.8916 & 7.4110 & 7.5219 & 7.7890 \end{bmatrix}$$

然后利用 $\begin{bmatrix} \mathrm{muhat}, \mathrm{sigmahat}, \mathrm{muci}, \mathrm{sigmaci} \end{bmatrix} = \mathrm{normfit}(X, 0.05)$,可以得:$\hat{\theta} = 6.4758, \hat{\sigma} = 1.2309$。置信区间分别为 $\begin{bmatrix} 5.8031 & 7.1484 \end{bmatrix}, \begin{bmatrix} 0.9097 & 1.9609 \end{bmatrix}$(置信度为 95%)。

利用上述方法可以确定可靠性数据较为准确的分布,然后根据分布情况计算各参数的估计值,这里就不再一一列举。根据收集数据的情况以及它们对任务的影响大小,确定了 68 种主要部件进行了数据处理,数据处理结果(部分)见表 7-9。

"分布参数"栏参数顺序说明:正态分布或对数正态分布,先均值 μ,后标准差 σ;威布尔分布(位置参数为 0),先形状参数 β,后尺度参数 α。

表 7-9 火箭炮武器系统主要故障单元信息(部分)

故障单元	故障间隔时间所属分布类型	分布参数	MTBF /h
方向扩大机	指数分布	185.4	185.4
药温显示板	正态分布	294.6,25.5	294.6
电磁离合器	指数分布	0.006031	165.8
方位数字板	对数正态分布	6.4758,1.2309	1385.0
扩大电动机电刷	指数分布	0.003745	267.0
手动泵密封垫	指数分布	0.01174	85.2
测压接头	指数分布	0.01075	93.0
底架固定器	指数分布	0.01116	89.6
火控计算机交流板	正态分布	232.1,23.4	232.1
姿态角传感器	指数分布	958.7,55.6	958.7
起动机	威布尔分布	1.89,215.6	381.6
前折缸液压回转接头	指数分布	0.006086	164.3

（续）

故障单元	故障间隔时间 所属分布类型	分布参数	MTBF /h
瞄准具	正态分布	201.2, 33.3	201.2
溢流阀	指数分布	0.007092	141.0
方向旋变锁紧螺杆	指数分布	0.005056	197.8
配电箱继电器K30	威布尔分布	1.96, 156.9	277.7
导轨	指数分布	0.005408	184.9
取力器轴承	指数分布	0.006423	155.7
激磁绕组	指数分布	0.006050	165.3
液压马达	正态分布	123.4, 22.2	123.4
继电器K1	指数分布	0.006098	164.0
限位开关S5	指数分布	0.005382	185.8
转速表	正态分布	132.1, 18.9	132.1
调压器	正态分布	188.6, 35.3	188.6
电枢绕组	正态分布	195.5, 36.0	195.5
配电箱内继电器K28	威布尔分布	1.98, 166.2	280.0
齿轮泵	正态分布	201.6, 42.3	201.6
换向阀	指数分布	0.006477	154.4
推弹机滚轮轴承	正态分布	185.6, 38.8	185.6
电阻控制器	指数分布	0.006680	149.7
传动装置具轮	正态分布	175.4, 29.8	175.4
安全阀	指数分布	0.005271	189.7
调速阀	指数分布	0.005910	169.2
补偿绕组	指数分布	0.005701	175.4
⋮	⋮	⋮	⋮

2. 维修性数据处理分析

维修性数据处理方法与可靠性处理方法相似,可以利用相同的计算程序进行计算处理。处理步骤:首先假设维修时间所属分布的类型;然后利用最小二乘法拟合检验确定较为准确的分布;最后依据确定的分布类型估计各参数值。维修性数据处理结果(部分)见表 7-10。"分布参数"栏参数顺序说明:正态分布或对数正态分布,先均值 μ,后标准差 σ。

表7-10 火箭炮武器系统主要维修单元信息(部分)

维修单元	维修时间所属分布类型	分布参数	MTTR/h
方向扩大机	指数分布	1.05	0.95
药温显示板	指数分布	4.0	0.25
电磁离合器	正态分布	0.50,0.12	0.50
方位数字板	指数分布	4.35	0.23
扩大电动机电刷	正态分布	0.21,0.08	0.21
手动泵密封垫	正态分布	0.45,0.16	0.45
测压接头	指数分布	1.47	0.68
底架固定器	正态分布	0.85,0.32	0.85
姿态角传感器	指数分布	3.13	0.32
火控计算机交流板	指数分布	4.17	0.24
起动机	正态分布	0.48,0.26	0.48
前折缸液压回转接头	对数正态分布	0.20,0.13	1.24
瞄准具	正态分布	0.35,0.18	0.35
溢流阀	正态分布	0.95,0.42	0.95
方向旋变锁紧螺杆	正态分布	0.65,0.34	0.65
配电箱继电器K30	指数分布	2.70	0.37
导轨	正态分布	0.97,0.36	0.97
取力器轴承	正态分布	0.65,0.27	0.65
激磁绕组	正态分布	1.22,0.54	1.22
液压马达	正态分布	1.37,0.59	1.37
继电器K1	指数分布	5.56	0.18
限位开关S5	指数分布	7.69	0.13
转速表	正态分布	0.87,0.32	0.87
调压器	正态分布	0.61,0.22	0.61
电枢绕组	正态分布	1.30,0.67	1.30
配电箱内继器电器K28	指数分布	2.38	0.42
齿轮泵	正态分布	1.84,0.86	1.84
换向阀	正态分布	0.83,0.25	0.83
推弹机滚轮轴承	正态分布	0.95,0.61	0.95
电阻控制器	指数分布	6.67	0.15
传动装置具轮	正态分布	0.98,0.69	0.98

（续）

维修单元	维修时间所属分布类型	分布参数	MTTR/h
安全阀	指数分布	3.45	0.29
调速阀	指数分布	3.03	0.33
补偿绕组	正态分布	1.15,0.58	1.15
⋮	⋮	⋮	⋮

7.3 某型火箭炮营仿真评估实例

7.3.1 实弹演习任务描述

根据演习方案,某远程多管火箭炮分队于 200×年赴广东××参加实弹演习。参演分队的装备主要包括火箭炮 4 门、装填车 4 台、指挥车 2 台、测地车 1 台、气象车 1 台、机电维修车 1 台、电子维修车 1 台、其他保障车辆若干。主要目标是检验的封控作战能力。

据本章所建立的使用任务模型,实弹演习任务包括 5 个基本任务阶段:行军—展开—射击—撤收—行军,各阶段详细信息见表 7-11。

表 7-11 实弹演习任务序列相关信息

基本任务名称	任务时间/h	任务量	任务量单位	可修否
行军	2.5	100	km	可修
展开	0.083	5	min	不可修
射击	0.5	8	发	不可修
撤收	0.083	5	min	不可修
行军	2.5	100	km	可修

其中:行军基本任务涉及 7 个功能模块;展开(撤收)涉及 2 个功能模块;射击基本任务涉及 3 个功能模块。各功能模块也分别对应某型火箭炮营不同的功能分系统,见表 7-12。

表7-12　基本任务与功能模块、分系统对应关系

行军		展开（撤收）		射击	
任务涉及功能	功能对应分系统	任务涉及功能	功能对应分系统	任务涉及功能	功能对应分系统
火箭炮车的行驶	火箭炮车底盘系统	火箭炮车的展开（撤收）	火箭炮车底盘系统	收发信息	指挥通信系统
装填车的行驶	装填车底盘系统	火箭炮车的展开（撤收）	火箭炮车火控系统	信息处理	数据处理系统
指挥车的行驶	指挥车底盘系统			火箭炮发射	火控系统、火力系统
测地车的行驶	测地车底盘系统				
气象车的行驶	气象车底盘系统				
机电维修车的行驶	机电维修车底盘系统				
电子维修车的行驶	电子维修车底盘系统				

　　根据参演部队提供的关于广东演习的相关统计数据可知：在演习中，发射阵地到维修保障群的距离约为35km；在行军途中，距离维修保障群的最小距离约为15km，最大距离约95km。根据建立的维修保障系统模型所确立的方法进行数据处理，结果见表7-13。

表7-13　"实弹演习"任务保障性数据处理结果

资源类别	行军途中			发射阵地		
	等待时间/h	所属分布类型	分布参数	等待时间/h	所属分布类型	分布参数
备件	0.58	指数分布	0.58	1.83	指数分布	1.83
人员	0.58	指数分布	0.58	1.83	指数分布	1.83
设备	0.58	指数分布	0.58	1.83	指数分布	1.83

7.3.2　使用可用度、任务效能、装备完好率仿真示例

　　进行仿真，首先需要选择仿真模型、仿真次数以及使用任务。对于系统中已设置的任务可以直接选择。对于一个新任务，需要通过系统的任务设定模块进行任务设置，具体的设置方法可参考本章中使用任务设定义说明。任务设定完毕后，再选定任务。设置完成后，在"使用任务仿真相关信息"栏中显示选定的

使用任务信息,如图 7 – 10(a)所示。然后输入给定的备件、人员、设备满足率值,单击"开始仿真"按钮就可以在给定的备件、人员、设备满足率的条件下对选定的使用任务进行使用可用度、任务效能、装备完好率的仿真分析。

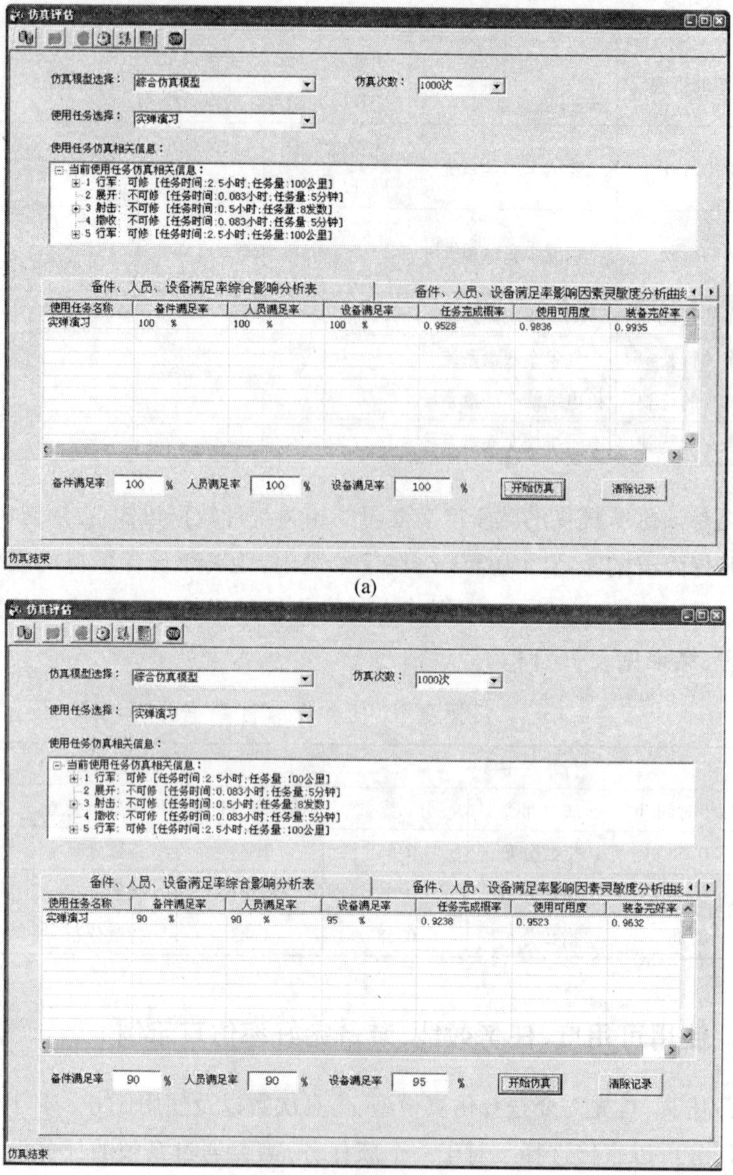

(a)

(b)

图 7 – 10 仿真结果

仿真开始后,首先,由仿真数据准备模块对各自对应的分系统所包含维修单元的 RMS 数据进行统计与处理,得到不同功能模块的可靠性、维修性、保障性的分布及相关参数,并将上述信息转换成仿真模型特定系统所需的数据格式;其次由控制模块启动仿真进程,在完成设定的次数后仿真循环流程终止;最后读取仿真模型当前状态数据,并将使用可用度、任务效能、装备完好率的数值输出到表格。

以"实弹演习"复杂使用任务为例进行仿真分析:首先,设定三种满足率均为 100% ,得到在现有 RMS 条件下一组最大的任务效能、使用可用度、装备完好率数值,如图 7 – 10(a)所示,"装备完好率"为 0.9935 是指任务结束时刻的装备完好率为 0.9935 ,以下仿真相同;其次,设定备件满足率为 90% ,人员满足率为 90% ,设备满足率为 95% ,可以得到仿真结果如图 7 – 10(b)所示。将在演习的备件人员设备实际条件下得到的仿真结果与演习分队完成任务后的统计结果相比较,两种结果较为吻合,因此该仿真系统能够较为准确地反映火箭炮武器系统的完成任务情况。当然,还可以进行其他任务的仿真,如可以进行行军等使用任务的仿真,在此不再详述。

7.3.3　备件、人员、设备完好率灵敏度分析示例

该仿真系统进行灵敏度分析前的设置要求与进行综合影响分析的设置要求是相同的,都需要选定仿真模型、仿真次数以及使用任务。然后设定另外两种满足率值(如进行备件满足率灵敏度分析,需要设定人员、设备满足率值),也就是说在给定的条件下进行某种影响因素的灵敏度分析,在进行某种因素的灵敏度分析时,另外两种因素的满足率均取 100% 。

以"实弹演习"复杂使用任务为例,分别进行了备件、人员以及设备满足率的灵敏度分析,仿真结果分别如图 7 – 11 ~ 图 7 – 13 所示。对比分析图 7 – 11 ~ 图 7 – 13 可以得出结论:备件、人员、设备满足率值在 50% ~ 80% 阶段,火箭炮武器系统在执行任务时的综合保障能力值上升得比较快,在满足率达到 80% 以后,综合保障能力值增加较为平缓;在满足率达到 80% 以后,备件、人员、设备满足率对综合保障能力影响趋于一致;在人员、备件满足率值较小时(如 50% ~ 70%),综合保障能力值比设备满足率在同样满足率时的能力值小一些。

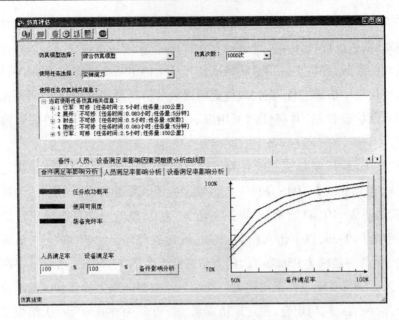

图 7 – 11　备件满足率灵敏度分析

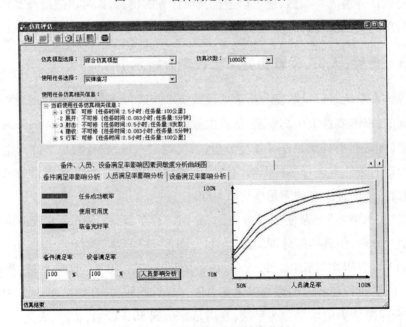

图 7 – 12　人员满足率灵敏度分析

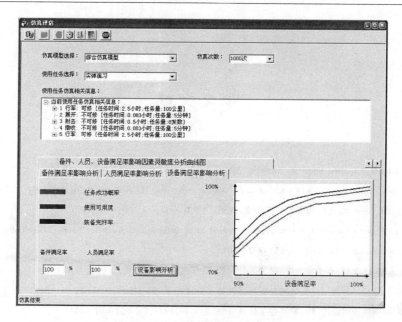

图 7 - 13　设备满足率灵敏度分析

7.4　本章小结

　　本章以某型火箭炮营为研究对象,分析了火箭炮营的基本组成,建立了该营的复杂使用任务模型和基本任务模型以及功能模型和组成模型,给出了相关的可靠性模型。详细收集了部队使用过程中的实际数据,并对数据进行了系统的分析,得到了故障时间、维修时间以及保障时间的分布类型和分布参数。综合战备完好性和任务持续性仿真概念模型以及相应的仿真环境,分析评价了该营战备完好性和任务持续性指标,并研究了保障要素对战备完好性和任务持续性影响,为该营维修保障能力的改进和提高指明了方向。

参 考 文 献

［1］ Nelson W. Applied Life Data Analysis. John wiley & Sons,1982.

［2］ Dugan J B. Automated analysis of phased – mission reliability. IEEE Trans. Reliability,1991,140:45 – 52.

［3］ 杨为民,盛一兴. 系统可靠性数字仿真. 北京:北京航空航天大学出版社,1990.

［4］ Tage Skjoett – Larsen. European logistics beyond 2000. International Journal of Physical Distribution and Logistics Management, 2000,30(5):377 – 387.

［5］ 余志刚,张永敬,袁玉华. 地空导弹热分离故障树可靠性数字仿真. 上海航天,1998 (5):3 – 8.

［6］ 葛兵. 建立一种通用的失效树分析可靠性数字仿真程序. 船电技术,1997(2):23 – 26.

［7］ 葛兵. 核反应堆误停堆可靠性数字仿真. 核动力工程,1997,1 8 (5):467 – 471.

［8］ 于阿民,施小成,边信黔. 船用动力控制系统可靠性仿真试验. 舰船工程,1997(1):51 – 54.

［9］ 韩富春,侯效政,徐红利. 超高压电网可靠性仿真研究及其应用. 太原理工大学学报,1998,29 (4):347 – 350.

［10］ 王社伟,张洪钺. 容错导航系统可靠性评估的一种简化方法. 系统工程与电子技术,2000(10).

［11］ 曹萍. 城市年用水量的马尔可夫过程仿真预测. 西安科技学院学报,2001(4).

［12］ 宋光辉,陆萍. 基于灰色系统理论的齿轮可靠性仿真. 锻压装备与制造技术,2003(4):70 – 72.

［13］ 段齐骏,施祖康. 基于灰色系统理论的传动机构动作可靠度预测. 南京理工大学学报,1999 6 ,23 (3):216 – 219.

［14］ 陆廷金,李青,李宁萍. 神经网络技术在装备不工作状态可靠性研究中的应用. 系统工程与电子技术,2000,22(1)92 – 95.

［15］ 张勇,史宪铭,梅珺,等. 采用 Agent 的 FMS 可靠性仿真方法. 兵工自动化,2003 ,22 (6):12,13.

［16］ 梅珺,张勇,武小悦. 基于多 Agent 的 FMS 可靠性复合建模方法研究. 计算机应用研究,2004(1):77 – 78,90.

［17］ 武小悦,沙基昌. 柔性制造系统可靠性分析的 GOOPN 模型. 计算机集成制造系统,2000,6 (2):65 – 69.

［18］ 曹阳,张维明,沙基昌,等 . 一种通用的通信网络仿真系统 GPCNSS. 系统仿真学报,2001 ,13 (3):353 – 356.

［19］ 张涛,武小悦,谭跃进. Petri 网在系统可靠性分析中的应用. 国外可靠性与环境试验技术,2003(1):60 – 65.

［20］ 蒋文科,郝志华,李红梅,等. 设备系统故障的基本 Petri 网模型与仿真. 农业机械学报,2000,31 (5):

103 - 109.

[21] 肖刚. 评估复杂可维修系统可靠度与瞬态可用度的蒙特卡罗方法. 兵工学报, 2002, 23 (2): 215 - 218.

[22] 魏选平, 卞树檀. 系统可靠性预计方法综述. 国外电子测量技术, 2002 (1): 35 - 40.

[23] 沈怀荣. 系统可靠性分析与综合评定平台研究. 指挥技术学院学报, 2001, 12 (15): 15 - 18.

[24] 高尚. 复杂网络可靠性数字仿真. 航天控制, 1997 (3): 67 - 72.

[25] 韩帮军, 范秀敏, 马登哲. 生产系统设备预防性维修控制策略的仿真优化. 计算机集成制造系统, 2004, 10 (7): 853 - 857.

[26] 刘娜, 高文胜, 谈克雄, 等. 基于故障树的电力变压器维修周期的仿真分析. 高电压技术, 2003, 29 (9): 19 - 21.

[27] 蔡振雄, 黄加亮, 翁泽民. 船舶柴油机故障在线诊断仿真技术研究. 集美大学学报 (自然科学版), 2000, 5 (4): 23 - 26.

[28] 蔡振雄, 黄加亮, 翁泽民. 船用柴油机故障在线智能仿真诊断技术的应用研究. 中国航海, 2000, 47 (2): 70 - 75.

[29] Salvador Barris. MV underground cables through partial discharges diagnosis. 供用电, 2003, 20 (3): 5 - 13.

[30] 刘云, 赵玮, 刘淑. 系统最佳维修策略研究. 运筹与管理, 2004, 13 (2): 58 - 61.

[31] 约翰·克罗克. 应用仿真方法确定终生维修策略. 国外设备工程 - 设备管理与维修, 2003 (6): 40 - 43.

[32] 石全, 李建平, 刘祥凯. 复杂系统抢修时间仿真模型研究. 计算机仿真, 2002, 19 (1): 93 - 96.

[33] 严骏, 曾拥华, 冯柯, 等. 工程装备战场损伤建模与仿真. 解放军理工大学学报 (自然科学版), 2002, 3 (4): 54 - 57.

[34] 聂成龙. 面向作战单元的综合保障模型研究 [博士学位论文]. 石家庄: 军械工程学院, 2005.

[35] 封慧娟. 装备作战单元维修事件仿真模型 [硕士学位论文]. 石家庄: 军械工程学院, 2005.

[36] 姜朝毅. 作战单元使用可用度与任务效能仿真评估系统的设计与实现 [硕士学位论文]. 石家庄: 军械工程学院, 2005.

[37] 李国库. 远程多管火箭炮营综合保障能力仿真评估系统研究 [硕士学位论文]. 石家庄: 军械工程学院, 2008.

内 容 简 介

　　本书建立了装备作战单元的层次体系结构,提出了装备保障领域三维构架体系和面向装备作战单元的保障模型三维框架。提出了装备作战单元使用任务分解方法,建立了基本任务的描述模型和装备作战单元使用任务模型。建立装备作战单元维修任务模型、功能组成模型、装备作战单元任务可靠性模型以及复杂任务和基本任务条件下装备作战单元完好性与任务持续性模型,给出相应的理论计算与仿真分析方法。分层构建了装备作战单元基于任务可靠性的维修事件型和预防性维修事件 Petri 网仿真模型以及装备作战单元战备完好与任务持续性 Petri 网仿真模型,确定了装备作战单元战备完好与任务持续性仿真环境的总体设计方案,完成了基层数据管理系统设计与开发以及仿真评估系统的设计与开发,构建了完整的仿真环境的集成。以某型火箭炮营为例,收集了武器系统的任务、构成、故障与维修等方面的数据,进行了实弹演习任务仿真,验证了模型、系统的有效性和实用性,并分析了备件、人员、设备对保障能力影响的灵敏度。

　　本书既可作为装备保障工程领域研究生学习教材使用,还可以为从事装备保障工程理论与技术的研究人员和工程实践人员提供进一步深入研究的基础材料。